홍콩
천 가지 표정의 도시

차례
Contents

홍콩, 아시아의 월드시티

향기 향香과 항구 항港이라는 글자로 이뤄진 홍콩(香港) 지명의 유래를 정확하게 고증하기는 쉽지 않다. 다만 광둥성 둥관東莞의 특산물인 향나무를 지금의 홍콩섬에서 중계했는데, 그 역할에서 유래되었다는 설이 가장 유력하다. 분명한 것은 홍콩이라는 이름이 명明 말 청淸 초에 이미 문서에 나타나고 있다는 점이다. 지금 우리가 말하는 홍콩은 홍콩섬(香港島), 주룽(九龍)반도, 신제(新界) 그리고 235개의 크고 작은 섬을 아우르는 총칭이다. 오늘날 홍콩(Hong Kong)이라는 발음의 정체는 홍콩 지방의 주류 언어인 광둥어(廣東語, Cantonese) 발음에서 유래된 것이다. 억지로 표기하자면 '헝꽁'이라고 해야 할 것이다. 하지만 그 어려운 발음을 초기 영국인들이 따라 하기는 불가

3

능했을 것이고, 그것을 홍콩이라고 발음해서 정착되었을 것이라고 짐작한다.

홍콩을 흔히 만 가지 이미지의 도시라고 한다. 보기에 따라 여러 가지 이미지가 나타난다는 말이다. 문화적으로 동서양의 모습이 혼재되어 있다는 뜻이다. 물론 자본주의 근대화의 긍정적인 측면 그리고 부정적인 측면도 그 만 가지 이미지 중의 하나일 것이다. 그래서 어떤 이는 화려하면서 슬픈 도시라고 정의하기도 했다.[1] 그리고 최근에는 베니스·런던과 같은 경계 지역으로 이질적인 사람·문화·교역의 연결점 역할을 하는 도시[2]로 학계의 주목을 받고 있다. 홍콩을 가리키는 또 다른 표현으로 '중국과 서양이 복잡하게 얽히는 곳, 동양과 서양이 회통한다'라는 표현이 있다. 홍콩에는 문화적으로 동양과 서양의 모습이 혼재하고, 전통과 현대가 공존한다는 말이다.

전체 인구가 700만 명에 불과한 이곳은 중국이나 세계지도에서 보면 눈에 잘 보이지도 않는 작은 공간이다. 하지만 국제적으로 몇 손가락 안에 꼽히는 대도회이자, 저명한 자유무역항이며 매우 중요한 국제금융의 중심이다. 동시에 중국 개혁개방 과정에서 가장 중요한 역할을 담당했던 창구였고, 지금도 매우 중요한 일익을 맡고 있다. 무엇보다도 성공적인 중국 개혁개방의 배경을 말할 때, 홍콩의 공로를 제외하고는 논의 자체가 불가능하다. 홍콩의 경제적 성과 역시 중국 대륙과 긴밀하게 연결되어 있다. 중국 대륙은 1949년 사회주의로 진입한 이후 서방세계와 직접적인 소통이 단절되었다. 유일한 통로였던 홍콩은 덕분에 20~30년 만에 세계 신흥 공업 경제 지구의 선두권에 진입하였다. 그리고 아시아 네 마리 작은 용 중 하나가 되었다. 그 후 홍콩은 중국인들에게는 기회의 땅으로, 세계인들에게는 음식과 쇼핑의 천국으로 인식되기 시작했다.

홍콩은 1842년 중국 최초의 불평등조약인 '난징 조약'으로 역사에 등장했다. 인도양과 태평양으로 통하는 교통의 요충이라는 점에서 이후 상당 기간 동안 아편 중계 무역의 중심이 되었고, 쿨리(苦力)라고 불리는 중국인 노동자들의 대외 수출 창구3)의 역할을 하였다.

1970년대부터 홍콩은 전 세계의 주목을 받기 시작했는데 바로 비약적인 경제발전 덕분이었다. 홍콩의 경제 기적은 자연히 홍콩문제 연구 붐을 불러일으켰고 그즈음부터 홍콩학이 생겨났다. 이어서 전지구화가 급속히 진행되면서부터 홍콩은 전지구화의 가장 중요한 모델이 되었다. 왜냐하면 지난 2세기 동안 홍콩은 전지구화의 실험실 역할을 해왔기4) 때문이다. 자연히 홍콩의 역사·사람·문화·공간은 어느 학문의 범주에서도 매우 훌륭한 재료가 된다.

홍콩은 영국에 의한 식민지 경험(1842~1997)을 가지고 있는 동시에, 1997년 주권 반환 이후 중국에 의한 후식민의 도전을 받고 있다. 이제 중국이 보장한 홍콩 체제 50년 불변 시한인 2046년이 시시각각 다가오고 있다. 그럼에도 2008년도에 발표된 국가 경쟁력은 미국과 싱가포르에 이은 3위를 기록5)하고 있다. 또한 무역·금융·투자·정보의 중심에 있다는 홍콩인의 자신감은 아시아의 월드시티라는 관광 슬로건으로 나타나고 있다. 어느 공간이든지 그것을 형성하는 인적·물적 자원이 가장 중요할 것이다. 홍콩문화의 최대 가치는 다원성과 포용성에 있다. 홍콩의 역사·경제·문화 등의 요인이 상호 작용하여 만들어낸 결과이다. 따라서 오늘의 홍콩문화를 이해하기 위해서는 그것의 형성 과정과 경제발전의 배경을 알아야만 한다.

문화와 홍콩

음식, 우리가 홍콩에서 행복한 이유

아침에 세수도 안하고 밖으로 나가 적당한 식당에 들어서면 죽과 국수가 수십 종 있다. 점심에 얌차(飮茶) 식당에 가면 수십 종 심지어는 100가지 이상의 딤섬(點心)을 골라 먹을 수 있다. 저녁에는 아파트 상가 식당으로 내려가면 돼지·닭·오리 바비큐와 수십 가지의 각종 덮밥을 아주 저렴한 가격에 먹을 수 있다. 그리고 골목 어디에서나 국수와 만두를 먹을 수 있다. 이런 차원에서 홍콩의 주부들은 한국보다 훨씬 행복하다 할 것이다. 해가 뜨기 전인 이른 새벽부터 광둥식 얌차 식당과 홍콩식 차찬청茶餐廳은 사람들로 붐빈다. 홍콩의 대부분 가정은 아침 식사를 거의 밖에서 간단히 해결한다. 홍콩의 주부들은 적어도 아침 식사로부터 해방되어 있다. 홍콩에서 사는 한국주부들의 찬사는 음식에서 시작해서 음식으로 끝나게 되어 있는 것이다. 인간해방은 여성해방으로부터 시작되어야 하고, 여성해방은 주방으로부터 시작되어야 한다는 관점에서 보면 홍콩은 여성해방의 공간이다.

홍콩에서는 먹기 위해서 산다는 말이 전혀 어색하지 않다. 홍콩의 문화는 한마디로 음식문화라고 해도 과언이 아니다. 요리별·국적별 음식점의 종류는 전 세계 최고를 다툴 것이다. 동서양 모든 종류의 음식점이 골목골목에 자리 잡고 있다. 그래서 홍콩에서 20년 간 체류한 미국 기자는 매일 저녁 식사를 식당에서 할 경우, "2년 안에는 식당도 중복되지 않고 메뉴도 중복되지 않는다."6)고 한 적이 있다. 일본·베트남·태국·인도 음식은 물론 한국음식의 명성은 한류 이전에 이미 홍콩 인구에 회자되고 있었다. 그래서 먹는 것은 모두 홍콩에 있다는 말은 거짓이 아니다.

전 세계에서 음식에 대한 관심만큼은 홍콩인들이 최고일 것이다. 홍콩인들 대부분은 상당히 까다로운 미식가이다. 동시에 맛있는 음식을 위해 지출하는 비용은 외국인의 상상을 초월한다. 그래서 비싼 것보다 맛없는 것을 두려워 한다는 홍콩 사람들의 구두선口頭禪이 생겼는지도 모른다. 중국음식에 있어 전 세계를 통틀어 최고일 뿐만 아니라, 서양음식도 프랑스 파리의 동쪽에서는 최고라고 인정받고 있다.

홍콩의 음식문화는 홍콩을 알기 위한 중요한 기호가 된다. 종류의 다양함과 수준으로 볼 때 홍콩만한 음식 공간을 찾기는 어렵다. 그 다양함으로 홍콩 사회구성의 다양함을 알 수 있고, 다양한 음식으로 상징되는 문화의 다양성이야말로 홍콩의 자랑거리임을 알 수 있다. 홍콩음식 중에서도 우리가 간과 할 수 없는 것은 동양과 서양이 회통한다는 홍콩 문화의 상징에 걸맞은 우유차(奶茶)이다. 홍차에 우유를 부어 만든 이 차야말로 홍콩을 상징하는 문화적 산물이다. 동양과 서양의 문화가 섞여 창조해 낸 제3의 문화이다. 홍콩식 식당 차찬청의 대표 메뉴인 이 차와 홍콩인들은 분리할 수 없다. 한국인이 해외에서 한국식당을 꿈꾼다면 홍콩인은 차찬청을 그리워한다.

홍콩 음식문화의 정점에 딤섬이 있다. 홍콩 딤섬에는 원래의 광둥식 딤섬에 최근 수십 년간 중국 각 성의 특색 있는 음식이 포함되었고, 동양과 서양의 음식문화의 진수가 고스란히 반영되어 있다. 그 종류는 꾸준히 많아지고 요리 방법은 진화에 진화를 거듭하고 있다. 그래서 홍콩의 딤섬 식당에서는 적어도 수십 종의 딤섬을 맛볼 수 있다. 홍콩을 아는 사람들은 홍콩의 딤섬에 감동한다.

우리 한국인들이 술 한 잔 하자는 인사를 한다면, 홍콩 사람들은 얌차(飮茶) 한번 같이 하자고 한다. 얌차를 글자 그대로 번역하면 차(茶)를 마시다(飮)이다. 하지만 얌차라고 하는 행위는 차와 함께 매우 다양하게 준비된 간단한 요리 즉, 딤섬을 느긋하게 즐기는 과정의 총칭이다.

그래서 학자들은 홍콩인의 정신을 읽을 수 있는 대표적 기호로 얌차를 꼽는데, 홍콩식 얌차가 성행하게 된 가장 큰 이유로 거주 공간의 협소함에서 벗어나 온 가족이 함께 모일 수 있는 유일한 방법이기 때문이다. 또 얌차가 핵가족의 틈을 해소하는 데 일조를 하고 있다고도 한다. 우리는 여기에서 중요한 발견을 할 수 있다. 얌차 습관은 거주 공간의 협소함에서 창조된 것이라는 점이다. 홍콩문화의 다원성과 그것의 포용성에도 불구하고 공간의 협소성에서 기인하는 사회 긴장 형태가 홍콩문화의 또 다른 특징임을 알 수 있다.[7]

한 국가나 지역을 안다고 할 때, 그것을 판단하는 중요한 기준 중의 하나는 그곳의 음식을 마음대로 시킬 줄 아느냐 하는 것이다. 현지 음식을 모르고 현지에서 적응할 수 없는 법이다. 특히 중화권에서 살면서 중국음식을 모른다거나 싫다고 하는 것은 중화권에서 그저 목숨만 연명하고 있다고 할 정도로 소극적인 삶을 영위하고 있다는 말이다. 중국음식은 중국문화를 대표하기 때문이다.

홍콩을 좋아하는 사람들은 홍콩에서 식사시간을 학수고대한다. 또 동서양의 수많은 관광객들은 음식을 먹기 위하여 홍콩을 찾는다. 전 세계 중국인들 역시 무엇보다도 음식을 홍콩의 가장 큰 매력으로 손꼽는다.[8] 홍콩음식은 세계적으로 가장 많은 사람들로부터 사랑받고 있는 음식 중의 하나이다. 하지만 음식 종류가 너무나 다양해 막상 주문하려면 제대로 주문하기 어려운 것도 사실이다. 홍콩에서 상당히 오랫동안 체류한 사람들까지도 음식 주문을 하라고 하면 손을 내젓는다. 따라서 다른 나라의 경우도 마찬가지일 테지만 홍콩에서 편안한 마음으로 먹고 싶은 음식을 주문을 할 수 있다면, 그는 이미 홍콩전문가라고 해도 과언이 아니다.

광둥요리는 홍콩의 가장 보편적인 요리이자 대표라고 할 수 있는데, 베이징요리와 쓰촨요리만이 중국음식을 대표한다고 세뇌되어 온 우리나라 사람들에게는 생소하다. 하지만 중국인들은 광둥요리가 천하제일 요리라는 것에 아무도 이의를 제기하지 않는다. 우선 따뜻한 기후와 넓은 해안선의 지리적 우세 덕분에 공급되는 재료의 다양함은 외국인의 상상을 초월한다. 또한 중국요리 중 가장 다양한 조리방법이 동원되는데, 무엇보다도 광둥요리는 원재료의 맛과 색을 살리는 것으로 유명하다. 게다가 타 지방이나 외국 음식을 이용하여 광둥요리로 재탄생시키는 그 포용성 역시 주목할 만하다.

홍콩에서 쓰이는 세 가지 언어

광둥어의 힘

중국어 보통화를 먼저 배운 사람이라면 홍콩에 도착하는 즉시 광둥어 소음 공해에 시달린다. 광둥어의 억센 억양에 귀를 막고 싶은 지경이다. 대만의 대작가 보양(栢楊)이 『추악한 중국인』이라는 책에서 더러움과 더불어 왜 시끄러움으로 중국인을 특징 지웠는지 금방 깨닫게 된다. 보통화의 성조는 네

11

개인 반면에 광둥어는 그 두 배9)이다. 광둥어는 그래서 등락이 매우 심한 편이다. 따라서 말을 조금이라도 끌게 되면 노래하는 것이 되고, 조금이라도 따지는 말투가 되면 그야말로 멱살 잡기 일보 직전의 상황인 것으로 오해받을 수 있다. 그래서 중국어 방언권에서 광둥어는 가장 성격이 강한 사투리로 꼽힌다.

실제 광둥어의 영향력은 매우 크다. 왜냐하면 동남아의 상권을 장악하고 있는 중국인 대부분이 광둥성 출신이기 때문이다. 그리고 북미를 비롯한 중남미에 진출한 중국인 사회에서도 광둥어 하나면 다 통하기 때문이다. 지금 홍콩에서 보통화가 강조되고 있다고 해도 광둥어가 절대 약화되지 않을 것이다. 1997년 이전에 많은 사람들이 주권 반환 이후 광둥어가 소외될 것이라고 주장했다. 하지만 지금까지 광둥어가 민간에서 그대로 사용되는 것을 보면 광둥어로 대표되는 홍콩인의 강한 정체성을 알 수 있다.

중국을 읽기 위해서는 우선 각 지방의 방언에 대한 파악이 대단히 중요하다. 중국에서는 거의 절반에 이르는 인구가 아직까지 보통화를 모르기 때문이다. 그 실태는 1949년 중화인민공화국 수립 이후 정부차원에서 처음으로 조사한 보통화 사용 현황에서 드러났다. 1999년부터 5년간 중국 전역에 걸쳐 조사했는데, 그 결과 중국인들(15~69세) 53% 만이 보통화를 할 수 있었다. 응답자의 86%가 의사소통 수단으로 자기 지역의 방언을 사용하고 있다10)고 대답했다. 정부 수립 후 60년간이나 중국정부는 국가 통합을 한다는 명분으로 보통화 사용을 적극적으로 권장해 왔다. 하지만 중국인들은 공식적으로 직장이나 학교에서는 보통화를 사용할지라도, 사적인 영역에서 가족이나 친지들과는 방언을 사용한다.

홍콩의 경쟁력 제고를 위해 학교에서 영어와 보통화만 쓰자는 제의가 공식적으로 제기되고, 대학에서는 중국인과 외국인 학생의 편의를 위해 광둥어 사용을 자제하라는 권고가 나오기도 하지만 광둥어의 중요성은 보통화와 함께 나날이 증대되고 있다. 홍콩과 광둥성 그리고 동남아시아 화교사회나 미국의 차이나타운까지 광둥어가 주류 언어이기 때문이다. 특히 광둥 지방을 이해하고 광둥 지방에서 무엇을 하기를 원하는 사람은 반드시 광둥어 공부를 해야 한다. 중국은 각 지역의 성격이 매우 뚜렷하고, 자신의 역량이나 처지에 따라 제각각 발전하고 있기 때문이다.

보통화의 도전

1994년부터 홍콩의 전철이나 공항 전철, 선전을 오가는 기차의 안내 방송은 3개 언어로 나온다. 즉, 광둥어·영어·보통화가 그것인데 홍콩의 언어 현실을 그대로 보여주고 있다. 또 식당이나 상가 등에서도 보통화가 자주 사용되고 있음을 피부로 느낄 수 있다. 중국으로 주권이 반환된 1997년 이전에는 홍콩의 저잣거리에서 보통화를 사용할 경우 거의 무시당했다. 대륙에서 온 촌놈이라는 것이다. 홍콩인들 대부분이 대륙에서 이민 왔음에도 불구하고 그들은 그런 식으로 자신을 달리 취급하고 싶었던 것이다. 홍콩인들의 독특한 정체성을 볼 수 있는 예다.

1997년이 지나서야 보통화만 사용하더라도 홍콩에서 제대로 행세할 수 있게 되었다. 상인들은 물론 일반인의 보통화 실력이 뚜렷하게 향상되었다. 최근 홍콩 전체 관광객의 70%를 중국 대륙인이 차지하는 현실이 크게 작용하고 있다. 이 모두가 중국으로 주권이 반환된 현실 때문이다. 주권 반환을 앞두고 보통화 교육은 제3의 언어로 당당하게 자리 잡기 시작했다. 홍콩정부는 이미 공무원들을 순차적으로 중국에 연수를 보내고, 초등학교에 보통화 수업시간을 배정했다.

중국정부는 2010년까지 전 국민이 기초적인 보통화를 구사할 수 있게 하고, 이어 21세기 중반까지 소수민족들까지도 보통화를 구사할 수 있도록 한다는 목표를 가지고 있다. 지금도 베이징과 상하이를 비롯한 대도시는 공무원의 경쟁력 제고라는 명분으로 정기적으로 보통화 수준을 측정한다. 일정한 수준에 미달되는 자는 해임 등 불이익을 줄 것임을 꾸준히 공언하고 있는 실정이다.

홍콩정부는 1984년에 홍콩의 주권을 중국으로 반환한다는 내용의 '공동 성명'이 체결된 후, 1986년부터 초등학교 고학년부터 보통화 교육을 시작했다. 1988년부터는 중등학교 저학년에서도 보통화 교육을 실시했다. 1994년 즈음 텔레비전에서 보통화 프로그램이 증가하기 시작했고, 주권 반환을 몇 달 앞

둔 1997년 3월에는 보통화 전문 채널이 생겼다. 어느 날부터 기업체 채용공고에 보통화 가능자는 우대한다는 문구가 보이기 시작하더니, 이제는 보통화를 못하면 입사 시험에서 불이익을 받는다.

1995년에 50% 정도의 초등학교와 중학교가 보통화 교육을 실시하였으나 1998년에는 모든 학교로 확대되었다. 2000년에는 대입 예비시험인 연합고사 과목에 포함되었다. 그 결과 1997년 중국 반환 이후 보통화를 사용하는 젊은 층이 늘어난 것으로 나타났다. 2006 인구센서스에서 청소년(15~24세)의 53%가 보통화를 할 수 있는 것으로 나타나 1996년의 26.1%에 비해 50% 이상 늘었다.[11] 또 2002년의 설문조사에 따르면 홍콩인들의 보통화 능력이 지난 몇 년 동안 꾸준히 향상되어 5명 중 2명이 사용하는 데 불편함이 없는 것으로 나타났다. 보통화를 할 수 있다고 대답한 사람은 응답자의 40%로 지난 2000년에 비하면 30% 정도가 증가[12]한 것으로 나타났다.

이제는 홍콩 학계에서 중국어 학습에 보통화가 더 효과적이라는 의견까지도 등장하고 있다. 그것을 둘러싼 논쟁은 바야흐로 뜨거워지고 있다. 중국정부는 주권 반환 이후 수시로 중국과의 경제적 사회적 유대를 더욱 강화하려면 홍콩인들이 보통화를 더 능숙하게 사용해야 할 것이라고 주장해 왔다. 2006년에도 중국정부는 홍콩인들의 보통화 실력 향상을 요구[13]한 바 있다.

최근 홍콩정부는 학교의 보통화 교육에 2억 달러를 투입하는 계획을 세웠다. 2008년 가을 학기부터 시작되는 이 제도는 3년 이상 진행될 예정이다. 재정 지원뿐 아니라 중국 전문가로부터 보통화 교수 방법에 대한 교육도 받을 수 있도록 할 계획이다. 입법국은 지난 2005년에 보통화 교육 지원에 2억 달러의 예산을 승인한 바 있다. 특히 주목해야 할 점은 3년간 지원받은 후 광둥어 교육 과정의 40% 이상을 보통화로 바꿔어야 한다는 요구 사항이다.14)

보통화에 대한 중국정부나 홍콩정부의 노력이 그동안 부족했던 보통화에 대한 실력 향상을 위해서라면, 이는 현실에서 사용되는 3개 언어의 실력 향상을 위한 좋은 기회이다. 하지만 이러한 노력은 중국 국민의식 주입이라는 거대 목표를 위한 단계라는 점에서 안타깝다. 이른바 보통화는 애국심과 등식이라는 의식이 밑에 깔려 있다. 애국심 고양을 위한 도구로 보통화 교육이 강조되는 것이다. 따라서 광둥어 해체를 유도하여 홍콩인 정체성의 약화를 기도한다는 의심을 받고 있는 것 또한 사실이다.

영어의 중요성

외국에서 유학하고 있거나 살고 있는 사람들과 대화를 해 보면, 체류국의 언어 실력이 현지 적응에 얼마나 중요한지 알수 있다. 현지어를 잘 할 경우 자신감을 가지고 현지 사회에 적응할 수 있다. 그 반대의 경우 현지인 접촉을 가능한 기피하게 된다. 다시 말해 자신의 외국어 실력에 대해서 자신감을 갖고 있을 경우 현지인과의 접촉이나 현지어로 된 정보의 취득이 그만큼 더 쉽게 이루어진다. 이렇게 보면 언어는 수단이 아니라 목적이 된다.

따라서 외국에서 외국어 실력은 과정이 아니라 결과일 수밖에 없고 때로는 삶 그 자체가 되는 것이다. 이 논리대로라면 홍콩인들의 경우, 그들은 이미 세 개의 언어로 외국을 이해할 수 있다. 일반적으로 홍콩인들은 세 가지 언어를 구사 할 수 있다. 광둥어와 영어, 그 다음은 보통화이다. 이 말은 해외에서 그들은 그만큼 적응이 빠르고, 아울러 외국인과의 교류에 만반의 준비가 됐음을 의미한다. 따라서 그들이 획득할 수 있는 정보의 양과 질은 두 말할 필요도 없다.

일찍이 홍콩의 식민정부는 영어를 중시하고 중국어는 경시하는 어문 정책을 일관되게 추진해 왔다. 초등학교는 중국어 위주의 학교가 다수를 점유하고 있지만 중등학교는 영어 위주의 학교가 다수를 차지하고 있었다. 중국어 중등학교와 영어 중등학교의 비율을 볼 때, 1960년대에는 1대 2.5 정도였던 것이 1980년대에는 1대 7.2로 차이가 커졌다. 그리고 1990년대에는 1대 10의 상황이 되었다. 영국 식민당국은 1972년에 영어와 함께 중국어를 공용어로 지정하였는데, 각 급 학교에서는 수업 시간을 통해 적절하게 그것을 뒷받침해 왔다. 홍콩은 우리에게 이중 국어의 효과를 연구하는 데 매우 적절한 자료를 제시하고 있다. 그리고 1950~1960년대 동남아시아 각국의 배화정책 때문에 홍콩으로 이민 온 중국인들의 외국어 능력은 홍콩 사회의 경쟁력을 한층 더 올라가게 한 중요한 요인이 되었다.

홍콩 공무원의 경쟁력은 영어에서 나온다.[15] 주권 반환 후 홍콩 공무원의 영어 수준이 낮아지고 있다는 우려에 대해 2003년 쩡인취안(曾蔭權) 총리(현 행정장관)는, 수준이 떨어진 것이 아니고 수준 높은 영어를 요구하는 수요가 늘어나 공급이 따라잡지 못하고 있을 뿐[16]이라고 해명했다. 1997년부터 공무원들의 영어 수준이 떨어지고 있다는 여론이 팽배하여, 정부는 보조금을 지급하는 등 산업현장에서 영어 능력을 향상시키기 위해 여러 가지 노력을 해오고 있다. 홍콩정부는 고위 공직자 회의를 영어로 주재하는 등 대외적으로 홍콩의 공무원들이 영어에 강하다는 인식이 지속될 수 있도록 노력하고 있다. 총리까지 나서서 공무원들의 영어 실력에 대해 변호하고 홍보할 정도로 홍콩의 이미지에서 영어는 매우 중요한 위치를 차지하고 있는 것이다.

이민과 홍콩

국가 안에는 몸이 너무 약하거나 혹은 너무 젊거나 늙었
거나 너무 가난하여 노마드가 될 수 없는 사람들만 살고 있
을 것이다.

- 자크 아탈리

피난민의 도시

아편전쟁과 홍콩섬 할양

일찍이 1637년(명대 숭정崇禎 10년)부터 영국은 중국과 통상
을 하기 시작했다. 하지만 2세기에 걸친 1820년대까지 영국은
상대적으로 줄곧 무역적자를 기록하고 있었다. 당시 중국차·

도자기·비단 등은 영국을 비롯한 유럽 상류사회를 지배하고 있었다. 중국 상품에 대한 유럽인의 기호는 거의 절대적이어서 무역 불균형은 도무지 시정이 되지 않았다. 영국이 거대한 영토의 인도를 식민지로 삼은 것이 그즈음이었다. 해가 지지 않는 나라로 상징되는 제국주의 영국은 인도를 점령한 후, 광대한 영토와 풍부한 노동력의 활용을 고민하고 양귀비를 재배하기로 결론을 내린다. 이런 결정은 중국으로부터 차·도자기·비단을 수입해오던 영국의 상인들이 무역적자 감소를 위한 대체상품 개발에 몰두한 결과이기도 하다. 아편 시장으로는 가깝고 소비자가 많은 중국을 선택한 것이다.

아편은 양귀비라는 식물의 잎·줄기·뿌리에서 뽑아낸 진으로 만든 것이다. 사실 중국인들이 아편을 피운 것은 이미 청대 이전에도 있었던 일이다. 특히 아열대기후에 속한 남쪽 지방에서는 말라리아 같은 질병치료제로 이용되기도 하였다. 하지만 중국인의 아편 흡연이 본격적으로 문제가 된 것은 영국 상인의 아편 수출이 성공한 19세기에 들어서면서부터였다. 아편 밀무역으로 영국의 무역역조는 단번에 해결되었고, 이후 아편은 영국정부의 중요한 재정 수입원이 되었다. 그 과정에서 영국은 아편 보관을 위한 최상의 중간 기착지로 수심이 깊어서 선박의 접안이 쉬운 홍콩에 주목하였던 것이다.

아편의 대량 유입은 중국사회 전체를 아편중독으로 몰고 갔다. 뿐만 아니라 화폐의 기본단위인 은의 대량 유출은 심각한 경기침체 그리고 국가 재정의 위기를 가져왔다. 그동안 청

정부는 몇 차례의 금지령을 내렸으나 영국 상인들의 이익 추구와 중국 측 기득권자들 때문에 전혀 효력이 없었다. 때문에 상황은 청조 정부가 과감한 조치를 취하지 않을 수 없는 정도로까지 치닫고 있었다.

마침내 1839년 청淸의 황제 도광道光은 아편 금지를 꾸준히 주장한 금연파의 건의를 받아들인다. 황제는 호광 총독 임칙서林則徐에게 전권을 위임하였다. 지금까지 민족 영웅으로 숭배되고 있는 그는 흠차대신欽差大臣으로 임명되자 바로 영국 상인들의 아편 2만 상자를 몰수하여 소각해버렸다. 이에 1840년 영국은 군함 40여 척에 1만 여명의 군인을 동원하여 중국을 공격하였다.

그들은 임칙서가 이미 전쟁대비를 하고 있던 광둥성을 피하여 연해로 북상하여 샤먼廈門·닝보寧波 등을 공격하였다. 전쟁의 결과에 쌍방 모두가 놀랐다. 중국의 무기력함에 영국이 놀랐고 영국 신무기의 위력에 중국이 놀랐다. 중국 정규군과 각 지역에서 오직 애국심 하나로 분연히 일어섰던 의병들 역시 영국군 앞에서는 추풍에 낙엽이었다. 전쟁이라고 볼 수도 없는 일방적 학살은 중국정부의 무조건 항복으로 끝을 맺었다.

이 전쟁은 1842년 난징의 영국 군함 위에서 '난징 조약' 체결로 종결된다. 이것이 바로 중국 근대사상 최초의 불평등조약인데, 아편 대금이 포함된 전비를 보상한다는 것과 홍콩 할양 등이 그 주요 내용이었다. 그 이듬해에는 광저우, 푸저우(福

州), 샤먼, 닝보, 상하이(上海) 등 5개 항구를 통상 창구로 개방하게 되었고, 영국 측은 영사 재판과 관세 권리까지 확보했다. 이 조약의 가장 큰 조건은 홍콩섬을 영국에게 영원히 할양한다는 것이었다.

주룽반도의 할양

'난징 조약'의 불평등한 조건 대부분이 1844년에 프랑스나 미국과 조약을 체결할 때도 그대로 반복되었다. 무력을 동원한 영국정부의 요구 방식은 이후 서구열강의 대 중국 정책의 기본이 되었던 것이다. 이후 영국은 생각한 것처럼 자국의 상품수출이 증대되지도 않고, 베이징에 외교공관을 개설할 수 없는데다, 선교활동의 자유도 확보하지 못하였음을 불만으로 품고 있었다. 영국은 조약 개정의 기회를 호시탐탐 엿보고 있던 차에 중국인 소유의 애로우호에 게양된 영국기가 그 빌미를 만들어 주었다. 이 배에 아편이 은닉되어 있다는 혐의를 잡은 중국 관리가 선박 수색 중에 영국 국기를 모독했다는 것은 영국이 새로운 전쟁을 일으키기 위한 명분으로 삼기에 충분했다.

1856년 영국은 공동의 이해관계에 있던 프랑스와 연합하여 광저우를 공격하였다. 이번 전쟁은 제1차 아편전쟁보다 훨씬 격렬하게 전개되어 영불양국은 톈진(天津)을 점령하고, 기독교 전도의 자유와 중국 북부의 항구 개항 등이 담겨있는 '톈진 조약'을 체결하였다. 이 조약의 비준과정이 여의치 않자 1860년 영불은 다시 베이징을 공격하였다. 조약의 조기 체결을 협박하고자 150년 역사의 이화원을 불태웠던 것도 이때였다. 영불 양국은 '톈진 조약의 비준과 더불어 톈진 개항, 중국 노동자의 출국, 주룽반도의 할양 등 혁혁한 전과의 '베이징 조약'을 체결하였다.

신제의 조차

1898년 영국은 프랑스가 광저우만을 조차하자 그것이 홍콩의 안전을 위협한다는 구실로 홍콩의 영역을 확대하는 토지 임대 요구를 관철시켰다. 중국과 영국 간에 체결된 '홍콩 경계 확대 조약'의 내용은 선전허深圳河 이남 제셴제界限街 이북의 주룽반도 지역 및 부근 235개의 도서 즉, 나중에 신제라고 불리는 영토를 영국에게 임대하는 것이었다. 현재 홍콩 전체 면적의 90%를 차지하는 신제의 임대 시기는, 동년 7월 1일부터 99년 동안이기에 1997년 6월 30일까지가 되는 것이다. 이러한 일련의 불평등 조약으로 인해 중국은 아편전쟁 후 100년을 서양에 짓밟힌 치욕의 시기라고 생각한다.

1841년부터 1900년까지 60년 동안 홍콩은 국제 중계 무역항의 기초를 다졌다. 이 기간에 자국의 이익을 위해 미국·러시아·독일·프랑스·벨기에·덴마크·네덜란드·포르투갈·스페인·이탈리아 등이 홍콩에 영사관을 설립한 것만 보더라도 그 발전 속도를 짐작할 수 있다. 그 성과는 1863년에 프랑스 선박 회사가 홍콩-유럽 간, 1867년 미국의 회사가 홍콩-샌프란 시스코 간, 1879년 일본이 홍콩-일본 간 정기선을 취항시킨 것으로 나타났다. 또한 1859년에 이미 22개국의 선박이 홍콩 부두에 정박하고 있었다. 1869년 수에즈 운하의 개통으로 유럽과 홍콩은 5,000km 이상 가까워졌고, 이것은 홍콩 해운업의 발전에 큰 영향을 주었다.

피난민의 유입

식민지 홍콩의 발전 배경 중 하나로 홍콩의 인구 증가를 들 수 있다. 아편전쟁 이후 60년 만에 홍콩 인구는 50배 증가했다. 그 주요 원인은 정치적으로 외국의 주권 영역인 홍콩이 태평천국(1851~1864) 등 아편전쟁 이후 계속 이어진 중국 내 각종 혁명이나 동란의 훌륭한 피난지였기 때문이다. 1911년 왕조와 민국 정부의 교체기나 1920년대의 군벌 전쟁 기간, 1937년부터 시작된 중일전쟁 기간에도 홍콩의 인구는 꾸준히 증가했다.

1937년 중일전쟁이 시작되고 일본은 중국 연해의 각 항구를 봉쇄했는데, 광저우·마카오·홍콩만이 예외였다. 따라서 하루에도 수만 톤의 항일전쟁 물자가 홍콩항구를 통해 내륙으로 전달되었다. 항전 초기 수십만의 피난민이 홍콩으로 유입되었다. 1937년 말에 홍콩 인구는 100만 명을 돌파했다. 그들은 대부분 상공업과 방직업, 전기업 등에 종사[17]하던 사람들이었다. 이들은 홍콩 공업화의 기틀을 다지는 주요한 역량이 되었다.

또 하나 간과할 수 없는 사실은 이 기간 문화계 인사들이 항일선전을 목적으로 대량 남하했다는 것이다. 궈모뤄(郭沫若),

톈한(田漢), 마오둔(茅盾), 다이왕수(戴望舒) 등 중국문단의 유명 작가들이 홍콩에서 문학과 문화 활동을 통해 항일운동에 적극적으로 이바지하기도 하였다. 1935년부터 1941년까지 98편의 항일애국 영화가 홍콩에서 제작18)되었다. 홍콩의 문화 발전에 있어 획기적인 시기가 아닐 수 없다. 하지만 홍콩 역시 그 지리적 중요성 때문에 일본의 침공 목표에서 벗어날 수 없었다. 홍콩은 1941년 크리스마스부터 3년 8개월간 일본의 점령 하에 놓였다. 점령 기간 동안 홍콩은 더 이상 피난처가 될 수 없어 인구는 급격하게 감소했다.

국민당과 공산당 간 전면적인 내전이 개시된 1945년 9월에는 홍콩 인구는 60만 명이었다. 1946년부터 내전의 영향으로 피난민들이 유입되기 시작하여 1년 만인 1947년에 180만 명으로 증가했고, 다시 1950년에는 230만 명으로 증가했다. 5년 만에 170만 명이 불어난 것이다. 그래서 홍콩을 피난민의 도시라고 부르는 것이다. 피난민은 홍콩 인구의 기본적인 성격을 말해준다. 즉, 주인의식 보다는 과객 정서가 지배적이었다는 말이다.

물론 불평등조약으로 탄생된 홍콩에 대해 중국과 홍콩의 민간에서는 주권행사에 대한 꿈을 포기한 적이 없었다. 한때 신제 지역에서는 무력투쟁을 통해 자신이 속한 향토지역의 주권을 지키려는 일련의 희생과 노력이 전개되기도 했다. 하지만 청 정부의 무능과 군벌혼전, 국내전쟁 등으로 주권 회복을 제기할 수 없는 형편이었고, 서방 세계의 강력한 지원을 받고 있었던 장제스(蔣介石) 정부는 제2차 세계대전의 승전국으로서 중국의 지위를 제대로 살리지 못해 홍콩의 반환은 멀어지게 되었다.

중화인민공화국과 문화대혁명

8년간의 항일전쟁이 끝나고 제1차, 제2차 국공합작을 통하여 빠르게 성장한 공산당과 서방 세계의 전폭적인 지원을 받은 국민당은, 1945년 제2차 세계대전 종결과 함께 전면적으로 내전에 돌입했다. 이후 국민당의 전세가 불리해질수록 홍콩으로 들어오는 소상공인과 자본가들의 숫자는 늘어갔다. 1950년에 홍콩 인구는 이미 200만 명을 돌파했다. 흘러 들어오는 난민을 무작정 받아들일 수 없어 1949년에 처음으로 홍콩-중국 간 경계선이 등장했다. 사실 1950년 이전에는 홍콩인을 중국인으로 통칭했으며, 홍콩인이라는 정체성은 없었다[19]고 보는 것이 타당할 것이다. 이 시기의 특이한 점[20]은 사회주의 중국의 건국을 환영하여 내지로 다시 돌아가는 홍콩인도 적지 않았다는 사실이다. 주로 진보지식인이나 생활이 어려운 하층민이었는데, 1958년에서야 내지로 돌아가는 조류가 그치게 된다.

1949년 중화인민공화국의 수립과 함께 홍콩 반환에 대한 중국 측의 요구는 없었다. 100년 만에 찾아온 국가안정이라는 대 목표 아래 홍콩의 반환문제는 제기되지 못하고 수면 아래 잠복하고 있었다. 중국의 안정과 더불어 홍콩의 중계 역할은 더욱 필요하였고, 중국 측에서 볼 때 황금 알을 낳는 거위를 포기할 수 없었다고 보는 것이 더욱 정확하겠다. 하지만 중국 정부는 기회 있을 때마다 홍콩은 중국의 영토이며, 중국은 제국주의가 강제한 3개의 불평등조약을 인정하지 않으며, 적당한 시기에 협상을 통하여 이 문제를 해결할 것이라는 점과 해결하기 전에 잠시 현상을 유지한다는 점을 일관되게 주장했다.

중화인민공화국 수립 이후 최대의 격동기라고 할 수 있는 문화대혁명이 시작된 1966년부터 홍콩의 인구는 다시 늘어나기 시작했다. 문화대혁명이 끝난 1977년부터 1981년까지 50만 명의 내지인이 홍콩으로 이주했다. 그래서 1980년에는 홍콩 인구가 이미 500만 명을 넘어섰다. 홍콩 유사 이래 가장 중요한 경제발전 시기에 염가의 노동력이 투입되었던 것이다. 1949년 이전의 이민자들은 대부분이 전쟁을 피해서 혹은 공산당을 피해서 이민 온 경우였다. 1949년부터는 홍콩으로 유입되는 중국인들의 성향이 조금 복잡해지게 된다. 즉, 정치적인 박해를 피하거나 홍콩 드림을 꿈꾸면서 철책을 넘거나 바다를 헤엄쳐서 들어오는 불법 이민자가 여전히 주류를 이루고 있었다. 하지만 매월 일정한 규모가 허용되던 합법 이민자의 경우, 중국이 주권 회복을 염두에 두고 당성이 강한 이민자들을 선발하는 경우가 많이 있었다.

홍콩인의 탄생

사실 피식민자는 강자의 언어(영어)·억양·표현방법 등을

습득한다는 점에서 통치자보다 훨씬 혼종적이다.
                                    - 천광싱(陳光興)

시위와 홍콩인

1966년 홍콩의 '스타 페리'는 50%의 요금 인상안을 발표했다. 하지만 입법국 의원의 주도로 인상 반대 서명 운동이 일어났고, 즉각 시민 2만여 명의 지지를 얻었다. 빅토리아만을 오가며 주룽반도와 홍콩섬을 이어주는 스타 페리는 지금까지도 가장 싼 대중 교통수단이다. 당연히 홍콩의 소외 계층들이 가장 많이 이용했다. 따라서 홍콩 민중의 지대한 관심을 불러일으켰고 급기야 한 청년의 단식투쟁으로 이어졌다. 경찰은 교통 방해 혐의로 청년을 체포했고, 그것이 민심을 뒤흔들어 하루 동안의 폭동으로 이어졌다.

1966년의 주룽 시위는 홍콩 역사상 자발적인 첫 민중봉기 사건이었으며, 홍콩인이 정치적으로 태어난 사건으로 규정된다. 또한 홍콩에서 태어났거나 성장한 세대의 등장을 알리는 일대 사건이었다. 31년이 지난 시점에서 사건의 당사자는 그것을 계급투쟁이면서 동시에 반식민 투쟁이기도 했다[21]고 의미를 부여했다.

위기는 1967년에 다시 찾아왔다. 1967년 4~6월의 폭동은 1966년의 시위와는 완전히 다른 성격의 것이었다. 그것은 중국의 문화대혁명과 직접적인 함수관계를 가지고 있었다. 1949년 중화인민공화국 수립 이후 당 내부의 일부 급진 분자는 홍콩의 조기 해방을 주장했다. 그런 분위기가 문화대혁명 당시 홍콩의 좌파 노동자들에게 전달이 되었던 것이다. 홍콩의 좌파 노동자들이 문화대혁명의 영향으로 홍콩 각지에서 파괴를 선동하는 등 반식민정부 운동을 주도했다.

따진다면 중국은 1949년부터 17년간 사회주의 단계를 운용했던 것이고, 1967년은 건국 이후 사상성이 정점에 달해 있던 시기였기에 극좌적 분위기가 홍콩으로 전염되는 것은 시간 문제였다. 영국정부는 전전긍긍 문화대혁명의 발전 추세에 촉각을 곤두세웠으나. 홍콩으로의 도래를 막지는 못했다. 문화대혁명의 영향으로 발생한 폭동은 홍콩인들에게나 통치자인 식민정부에게나 큰 충격을 주었다. 이른바 공산당이 싫어서 남하한 대부분의 홍콩인들에게 심리적 공황 상태를 불러일으키기에 충분했다.

폭동의 발생은 문화대혁명의 직접적인 영향을 받았던 것이 사실이지만, 홍콩 식민정부와 일반 시민 간의 장기적인 소통 부재가 폭동 발생의 또 하나의 원인이었다. 홍콩인의 피난민 정서와 사회 불만이 누적되어 1966~1967년의 폭동으로 이어졌다고 보아야 한다. 그들은 정착한 지 얼마 되지 않아 홍콩에 대한 주인의식이 희박했다. 당시 정부는 정부대로 시민은 시민대로 철저하게 유리되어 있었는데, 우선 행정기관에서나 법정에서나 사용하는 언어가 모두 영어였기 때문[22]이다. 이 양대 사건 이후 홍콩에서 시위가 자주 등장하기 시작했다.

1970년에는 중국어를 법정 공용어로 인정해 달라는 학생

운동이 있었고, 1971~1972년에 발생한 중국-일본 간 전개된 조어대釣魚臺 영토 분쟁 당시 홍콩 대학생들은 조국 영토 지키기 운동을 벌였다. 이 사건은 대학생이 처음으로 정치 전면에 나선 것이자 홍콩 태생의 젊은이가 조국을 상상하기 시작한 시점이 된다. 이후 정부는 민심 달래기 정책을 꾸준히 모색했다. 1972년에 정부는 10년 주택 건설 계획을 발표하여 앞으로 10년 내 36만 5,000채의 공공 주택을 건설한다고 했다. 또 1972년에는 중국어를 법정 공용어로 허용했다.

아무튼 1966~1967년에 일어난 일련의 사건은 영국정부에게 큰 충격을 주었고, 이후 그들은 유화된 방식으로 홍콩인들에게 다가섰다. 식민지 사무부에서 파견해 오던 총독을 외교부에서 파견하기 시작했던 시점도 1968년이었다. 이후 홍콩정부는 스스로 자문 스타일의 정부라고 할 정도로 적극적으로 민의를 구하기 시작했다. 그리고 양대 사건은 홍콩의 젊은이들에게 자신의 신분 정체성에 대해 반성하고 그것을 찾는 조류를 야기[23]했다.

문화대혁명의 영향으로 일어난 좌파 폭동은 도리어 홍콩인의 탄생에 힘을 보태주었다. 일반 시민들의 의식에 중국 특히 공산당은 두려움의 대상으로 뚜렷하게 각인되었던 것이다. 원래 1949년을 전후하여 홍콩으로 이주한 홍콩인들은 대부분 공산당이나 사회주의 중국의 박해를 피해서 남하한 것이었다. 따라서 이 사건을 비롯하여 이후 중국에서 발생하는 각종 좌경적 행태는 홍콩인들이 점점 더 자신의 정체성 찾기에 골몰하게 만들었다.

홍콩의 역사에서 그 훨씬 이전에 시위가 없었던 것은 아니다. 1922년 당초 홍콩 선원들의 임금인상 시위는 급기야 10여만 명이 참가하는 노동자 총파업으로 확대되었다. 또 상하이 노동자들의 반제 투쟁을 지원하기 위해 1925년부터 1926년 10월까지 장장 16개월에 걸쳐 광저우에서 현지 노동자와 연계투쟁 한 성항대파업(省港大罷工)은 반제국주의 투쟁의 큰 성과로 남아있다. 1921년에 홍콩 인구는 이미 60만 명을 돌파했다. 대파업 이후 인구가 꾸준하게 유입되었고, 아울러 중국인들의 노력으로 자신들의 정치적 지위가 상승했다. 그래서 중국인이 처음으로 행정국에 진입하고, 입법국의 의원도 3명으로 늘어났던 것이다.

6·4 천안문 민주화운동

1970년대부터 홍콩에서 출생하고 성장한 세대가 다수를 점유하기 시작하면서 지난 세대의 피난민 정서를 극복했다고 볼 수 있다. 진정한 홍콩인의 탄생이라고 할 수 있는데, 그들은 홍콩에 대한 뚜렷한 자부심을 가지고 있는 세대였다. 9년의 의무 교육을 받은 그들은 투철한 준법의식 속에서 스스로 노력하면 중산계급으로 진출할 수 있다는 현실을 몸으로 체득하면서 그야말로 본토의식을 갖춘 홍콩인이 되어갔다.

그 즈음인 1982년 영국의 대처 수상이 중국을 방문하여 덩샤오핑(鄧小平)과 주권 반환 문제를 이야기하면서 홍콩은 공전의 신분 위기에 직면하였다. 그 후 1984년 12월 19일, 중국과 영국 간 '공동 성명'이 체결되어 주권 반환 계획이 수립되면서 홍콩은 새로운 역사 시기로 진입했다. '공동 성명' 체결 이후부터 1997년 7월 1일까지는 홍콩의 정체성 확립에 있어 중차대한 시기였다. 이른바 외부적 충격이 내부 정체성의 확립을 유도하기 시작했던 것이다.

1989년 4월 15일 후야오방(胡耀邦) 총서기가 사망한 후, 그의 명예회복과 민주화를 요구하는 대규모 시위가 일어나고 있었다. 그의 민주화 노력을 기억하는 대학생들은 부패와 관료주의 척결을 내세우며 천안문 광장에서 일대 궐기에 나섰다. 전국에서 모인 대학생들은 5월 13일부터 광장에서 단식 연좌시위를 계속했다. 5월 15일 소련의 고르바초프가 베이징에 도착했으나, 100만 명이 넘게 참여한 17일의 시위로 공식일정을 변경해야만 하는 사태가 발생하기까지 했다. 이에 당국은 학생들의 시위를 난동으로 규정하고 베이징 일원에 계엄을 선포하기에 이른다.

학생들의 요구에 유연한 대응을 보이던 공산당 총서기 자오쯔양(趙紫陽)을 숙청시킨 덩샤오핑은 6월 4일 인민의 군대가 인민을 해쳐서는 안 된다는 원로들의 간곡한 만류를 무릅쓰고 시위대를 향해 발포를 명령했다. 정부 발표만으로 300여 명이 희생됐다. 1976년의 4·5 천안문 민주화 운동이 공식적으로 평가받은 것에 반해, 1989년의 6·4 천안문 민주화 운동은 여전히 공식적 평가의 금기로 남아 있다. 이 사건이 홍콩에 준

영향은 가히 공전의 것이었다. 왜냐하면 중국으로 주권 반환
이 결정된 직후 발생한 유혈 사건이기 때문이다. 홍콩인들은
그 해 5월 20일에 100만 명의 참여하에 빅토리아 공원에서 천
안문 지지 시위를 벌이는 등 줄곧 천안문 시위에 지대한 관심
을 표명했었다. 따라서 수백 명의 사상자를 발생시킨 인민해
방군의 탱크 진압은 홍콩인들을 공포의 소용돌이로 몰아넣기
에 충분했다. 그들은 다시 이민을 준비했다.

해외 이민 열풍

1980년대 초부터 1997년 주권 반환까지 홍콩인들의 최대
화두는 당연히 반환 후의 미래에 대한 불안이었다. 이즈음부
터 홍콩인들은 동요하기 시작했다. 자신의 앞날에 관한 문제
이면서 자신들이 철저히 배제된 회담을 보면서 스스로의 신분
을 의심하기 시작했다. 그 불안함은 홍콩인들로 하여금 캐나
다·호주·뉴질랜드 등 해외 이민이나 이중 국적 획득을 향한 발
길로 이어지게 했던 것이다. 1980년대 홍콩의 해외 이민 추세
는 1987년 3만 명, 1988년 4만 5,000명, 1989년 4만 2,000명,
1990년 6만 2,000명, 1991년 5만 8,000명, 1992년 6만 6,000명
을 기록했다. 1984년부터 1994년까지 10년 동안 60만 명[24]이
홍콩을 탈출했다.

<나는 홍콩인이다>라는 무대극이 나온 것도 이즈음(1985)
이다. 이 작품은 주권 이양 협상과정 중에 나온 것으로 초조하
고 걱정스러운 홍콩인들의 정서를 고스란히 보여주고 있다.

이 작품의 구성과 스토리는 홍콩인의 정체성과 심사만큼이나 복잡했다. 영국의 식민 통치에 대해서 매우 비판적이고 중국의 뿌리를 찾는 듯하다. 하지만 홍콩 자신의 문제에 있어 정작 자신은 배척되고 있는 상황에 절망하고 있다.[25] 결국 홍콩인은 중국인이 아니라는 것이다.

홍콩인의 탄생

과연 홍콩인은 누구인가라는 질문은 홍콩 문제를 다룰 때 우선적으로 등장한다. 홍콩인이라는 어휘 자체가 혼종의 의미를 담고 있다. 진짜 홍콩인은 신계 지역에서 대대로 농사에 종사해왔던 원주민을 제외하면 드물 테고, 이민의 도시답게 홍콩인의 구성은 북쪽과 남쪽에서 온 이민자로 구성되어 있다. 언젠가는 어디로 다시 떠나야 할 과객신분으로 평가받아왔다. 그래서 홍콩인은 없다는 명제가 설 자리를 찾을 수 있는지도 모른다.

1983년에 베이커(Hugh Baker)는 홍콩에서 홍콩인이라는 독특한 것이 생겨나고 있다고 했다. 1984년 중국-영국 간 홍콩 반환협정 체결을 앞 둔 시점이었다. 홍콩시민들은 자신들의 신분 정체성에 대해 심각하게 고민하기 시작했다. 그것은 그들이 진정으로 그들 자신의 사회를 소유하게 되었다는 것을 의미한다. 즉, 자기 공간의 진정한 주인으로 거듭나는 고통이 시작된 것이다. 필자가 보기에 중국과 영국 간 주권 협상이 시작되던 1982년부터 주권이 반환되던 1997년까지 과도기 15년이라는 시간은 홍콩인의 정체성 확립에 있어 관건의 시기이다.

주권 이양 이후에도 그 과정은 계속되고 있는데, 그들은 '기본법' 제23조[26] 문제로 자신의 문제에 강력하게 반응했다. 홍콩의 보안법이라고 불리던 '기본법' 제23조를 추가 입법하는 데 강력한 반대 의사를 표명했다. 2003년 7월 1일 50만 명이 넘는 인파가 거리로 나와 보안법의 입법을 반대하고 홍콩의 민주화를 요구했다. 이 시위는 중국정부를 크게 긴장시켰고 덕분에 보안법 입법 문제는 없던 일이 되었다. 그래서 7·1 시위가 그 해 '홍콩인들을 가장 기쁘게 했던 일'로 선택되었던 것이다. 대부분의 시민들은 이 집회가 성공적이었을 뿐만 아니라, '기본법' 제23조를 철회하게 만들어 홍콩인들을 가장 흥분하게 만들었다[27]고 답했다.

2004년 7월 1일에도 수십만의 인파가 민주화 시위 행렬에 동참했다. 지역 의회 선거에서 민주당이 대승을 거둔 것도 이 즈음이다. 나아가서 민주당을 비롯한 진보세력은 행정장관과 입법회의 직선을 핵심으로 하는 '기본법'의 수정을 요구하기에 이르렀다. 2005년 12월 4일에는 25만 명의 시민이 조기 민주화[28]를 요구하는 시위에 참여했다.

식민과 홍콩

영국

영국정부와 중국정부는 2년간의 협상을 거쳐 1984년 12월 '공동 성명'을 체결했다. 결국 영국정부가 150년간의 식민통치를 끝내고 1997년에 홍콩에 대한 주권을 중국에게 반환하는데 동의를 한 것이다. 중국으로서는 영국 식민주의자가 남긴 근대사의 치욕을 씻어내는 일대 쾌거였고, 영국으로서는 화려한 대영제국의 마지막 상징을 잃어버리는 사건이었다.

사실 개혁개방 직후부터 양국 간 홍콩문제에 대한 의견교환이 있었다. 영국정부는 자국에게 막대한 경제적 이익을 가져다주고 있던 홍콩의 주권을 넘겨주는 데 처음부터 소극적일 수밖에 없었다. 그리고 주권은 넘겨준다고 하더라도 적어도 통치권은 확보할 수 있겠다는 정세 인식하에 협상에 임했던 것이다. 왜냐하면 문화대혁명 이후 중국 국내정세가 막 안정되기 시작했고, 개혁개방으로 일로매진하고 있던 중국의 지도부가 홍콩문제까지 챙길 여유가 없다고 보았던 것이다.

특히 개혁개방 초기 '모든 길은 홍콩으로 통한다고 표현할 수 있을 정도로 중국에 대한 홍콩의 공헌은 지대하였다. 홍콩의 대 중국 직접투자는 물론이고, 해외 각지의 자금이 대부분 홍콩의 중개를 통해서 투자되고 있었다. 즉, 홍콩의 안정을 해칠 경우 중국 개혁개방이 실패할 수 있다는 점을 영국정부로서는 최대한 이용하고자 했던 것이다. 그래서 당시가 홍콩 주권 협상의 호기라고 보고, 1979년 외교대신을 베이징에 파견하여 중국 측의 의중을 파악했다. 그때부터 영국 측이 가지고 있던 복안은, 홍콩의 주권을 이양하는 것과 신제 조차권의 연장 및 홍콩에 대한 통치권을 맞교환 한다[29]는 것이었다.

대처와 덩샤오핑

1982년 9월, 영국 수상 대처는 인민대회당에서 당시 중국의 최고 지도자 덩샤오핑과 마주 앉았다. 두 사람의 회견은 처음부터 첨예한 설전으로 전개되었다. 당시 포클랜드 전쟁의 승리에 도취된 대처 수상은 1997년으로 다가오고 있는 홍콩 주권 문제에 대해 중국 측의 의사를 타진하고자 했지만, 사실 주권을 이양할 의사는 없었다. 당시 신문 보도와 이후 알려진 내용을 종합하면 대화는 이렇게 전개되었다. 대처는 홍콩문제에 관한 3개 조약을 우선하겠다는 의사를 피력했고, 이에 대해 덩샤오핑은 주권 문제는 협상의 여지가 없다는 점을 견지했다. 덩샤오핑은 1997년이라는 시간이 되면 중국은 홍콩의 주권을 행사할 것인 바, 신제뿐만 아니라 홍콩섬과 주룽반도까지도 포함된다고 했다. 이에 대해 대처가 중국이 주권 회복을 선포할 경우 홍콩에 재난이 올 수 있다고 경고하자, 덩샤오핑은 중국정부는 이미 모든 가능성을 검토하였으며, 그 재난에 용감하게 대응할 것이라고 했다.

이튿날 홍콩과 중국의 신문들은 인민대회당의 계단을 내려오면서 발을 헛디뎌 주저앉은 대처 수상의 사진을 일명 톱으로 보도했다. 회의가 결렬된 것으로 드러나자 홍콩 주식시장이 폭락하고 홍콩달러 환율이 떨어지고 물가가 오르는 등 경제 상황이 혼란에 빠지자 일부에서는 이런 근거를 들어 홍콩이 영국의 통치에서 벗어날 수 없다는 논리를 제기하기도 했다. 이에 중국정부는 홍콩 주권을 조기 회수할 수 있다는 의지까지도 공개하는 등 강력 대응을 했다.

그 다음 단계의 영국 측의 카드는 주권을 주고 통치권을 가져오는 것이었다. 즉, 주권과 통치권을 분리해서 주권은 중국에게 넘겨주되, 영국이 홍콩의 통치권을 계속 행사하자는 것이었다. 결과적으로 1983년 9월의 제4차 협상도 무위로 끝나게 되었다. 다시 주식시장이 폭락하고 금값이 폭등하는 등 금융시장이 일대 혼란에 빠졌다. 심지어 쌀·식용유·화장지 사재

기가 극성을 부렸다. 이에 중국정부는 한 발 더 나아가서 1984년 9월까지 합의에 도달하지 못 할 경우, 중국 측이 일방적으로 홍콩정책을 발표할 것이라고 경고하고 나섰다.

민주라는 마지막 카드

식민지 홍콩의 정치를 말할 때 흔히 자유는 있되 민주는 없는 곳으로 표현한다. 영국이 홍콩을 통치한 지 40여 년 만인 1880년에 중국인을 입법 의원에, 85년 만인 1926년에 행정 의원에 임명한 것은 그 실제 예가 될 것이다. 자유는 있되 민주는 없다는 이 말의 목적은 영국에 의해 통치되는 홍콩의 민주화 정도를 비판하는 데 있다. 하지만 역설적으로 홍콩에 자유가 있음을 알려주는 것이기도 하다. 그래서 영국정부는 홍콩에서 행정이 정치를 흡수하는 정책으로 민의를 최대한 흡수하고자 했으며, 그것에 무한한 자부심을 가지고 있었다. 다른 차원에서 행정이 정치를 흡수하는 체제와 엘리트 정책으로 상징되는 영국 식민 정책의 연장선상의 결과물인지도 모른다. 영국 식민지하의 홍콩에서는 정치란 어휘는 보이지 않았고, 대신에 행정 효율이란 단어가 지배적이었다.

1992년 7월 마지막 총독으로 홍콩에 부임한 패튼은 홍콩의 민주화를 적극적으로 추진할 것임을 내외에 천명했다. 영국 보수당 의장을 역임한 정계 거물인 패튼 총독은 메이저 영국 수상의 신임을 배경으로 중국과 사전 협의 없이 홍콩의 민주화 방안을 발표하였다. 주권 이양 직전에 홍콩의 민주화를 마지막 카드로 꺼낸 것이다.

사실 영국 측이 발표한 이 방안은 중국 측의 동의를 전제로
한 것은 아니다. 과거 홍콩정부의 장기 전략은 홍콩인들에게
홍콩은 진보·부유·문명으로 중국은 낙후·빈궁·반문명30)으로
기억시키는 것이었다. 패튼은 홍콩인들에게 각인된 우월의식
에 민주라는 카드를 보태기로 한 것이었다. 홍콩인들의 민주
학습 효과가 홍콩인의 정체성을 확립시켜 줄 것이며 그것이
영국에게 항구적인 이익을 가져다 줄 것이라는 기대의 발로였
다. 바야흐로 영국의 민주와 중국의 애국이라는 군대는 일전
불사의 자세로 전선을 확대하고 있었다.

1985년에 홍콩에서 처음으로 입법국 간접선거를 실시하자
중국은 모든 매체를 동원하여, 영국의 일방적인 정치개혁 방
안은 '공동 성명'을 위반한 것이라고 비난했다. 그럼에도 불구
하고 1991년에는 일부이지만 홍콩 유사 이래 처음으로 입법
의원 직접선거를 실시하였다. 1992년 10월, 패튼 총독은 한
걸음 더 나아가 곧 다가오는 1995년 입법국 선거와 관련 구체
적 민주화 방안31)을 발표했다. 그리고 1994년에 패튼의 방안
에 따라 지역 의회까지 선거를 강행했던 것이다.

중국 측의 강력한 반발은 당연한 것이었다. 이후 양국은
1997년 7월 1일까지 쉬지 않고 상대방을 야만과 악惡으로까
지 지칭하면서 언론전을 전개했다. 그리고 영국은 홍콩 내 엘
리트들에게 마지막 희망을 걸었다. 그들에게 영구적인 영국
거주권을 주었다. 표면적으로는 영국 거주권 부여는 홍콩 장

래 문제가 대두된 이후 나타난 홍콩 인재의 대탈출 러시를 완화시키고자 한 것이다.

1989년 천안문 민주화 운동 이후 인재 유출이 심화될 조짐을 보이자 이들의 홍콩 내 장기 거주를 유도하기 위해 취해진 조치였다. 하지만 인재 유출을 방지하기 위한 조치를 이유로 홍콩의 엘리트 계급에게 민주를 이식시키고자 했던 것을 더욱 근본적인 이유로 볼 수 있다. 영국은 거주권 신청자의 연령·경력·연봉·교육수준·가정배경·영국과의 연계 등32)을 종합적으로 고려하여 5만여 명에게 영국본토 거주권을 부여했던 것이다. 사람을 통한 민주의 확산을 염두에 둔 것인데, 이렇게 본다면 영국이 철수하기 전에 뿌려 놓은 민주라는 씨앗의 싹은 계속 자라고 있다.

사실 홍콩의 엘리트는 식민지의 혜택을 가장 많이 받으면서 성장한 계급이었다. 일찍이 소수 엘리트 위주의 식민지 정책은 공무원 사회의 부패를 조장했고, 그 결과 빈부격차가 심화되고 하층민의 불만은 나날이 증폭되었다. 동시에 1950~1960년대 홍콩의 자본주의 체제가 확대 심화되어 가면서 사회 곳곳에 부패가 만연하기 시작했다. 특히 1960년대 월남전 보급 기지 역할을 하면서 그 특수를 타고 호황이 지속되자, 부패는 더욱 심화되어 일반 공무원은 물론 경찰까지도 범죄조직과 공공연히 결탁하고 있었다. 이때가 우리나라에서 '홍콩 간다'는 통속어가 유행하기 시작한 시점이다. 민심의 이반은 말할 나위도 없었다.

부패 차단

1970년대 중기부터 홍콩인의 의식에 변화가 생기기 시작했다. 즉, 영국 식민 통치에 대한 거부감이 어느 정도 사라지면서 홍콩 본토의식이 싹트기 시작한 것이다. 10년 주택 건설 계획과 클린 홍콩 캠페인, 특히 1974년 총독 직속으로 강력한 반부패 기구인 '염정 공서廉政公署'를 설립 하는 등 정부의 노력이 민심을 일신하는 계기가 되었다. 그리고 중국인 엘리트를 전면에 내세우기 시작했다. 바로 식민지 정부에 현지 엘리트를 참가시키는 것으로 현지의 반발을 무마하며 식민지 정부에 대한 공신력을 높이는 방법33)이었다. 염정 공서의 탄생은 매우 중요한 전환점이다. 경찰로부터 부패 수사권을 박탈34)하여 총독 직속의 염정 공서를 창설했다. 많은 학자들은 이 조치를 홍콩 발전의 진정한 주역이라고 생각하며, 매우 높은 평가를 하고 있다.

사실 동아시아 전통에서 아른바 인정이라는 요소의 작동을 얼마나 적절하게 차단시킬 수 있느냐가 근대화의 관건이라고 본다. 그것의 정도는 바로 부패와 얼마나 거리를 두느냐 하는 것이고, 그것을 완벽하게 차단하는 기제를 만들었다는 것은 서구적 근대의 결과물이라는 것이다. 이 조치는 홍콩인의 정서를 안정시킬 수 있었고, 법치에 대한 믿음과 함께 정부에 대한 신뢰감을 제고시켰다. 뿐만 아니라 홍콩에 대한 대내외의 공신력을 제고시켰다는 점이 무엇보다 중요하다. 정부에 대한 소극적 지지35)가 홍콩인들의 일반적인 정서라면 그것의 출발

선이라고 보아야 한다.

홍콩 행정 직제 중 또 하나의 특징은 1971년 말에 출범한 감사원(審計署)이다. 감사원장은 종신제인데, 파면이나 은퇴가 필요할 경우 총독은 총리의 동의하에 명령하고 입법국에 설명해야 한다. 이 기관의 성질은 염정 공서와 비슷하여 어느 행정부서의 지휘나 감독으로부터 자유롭다. 염정 공서나 감사원의 보고 대상이 총독에서 행정장관으로 바뀌었을 뿐 직제나 법률적 지위는 현재까지 변함이 없다.

1970년대 홍콩의 사회간접자본이 완비되기 시작했다는 사실도 홍콩인의 정체성 확립에 큰 영향을 주었음을 부인할 수 없다. 대부분의 고층 건물이 이 시기에 건립되었고, 기본적인 도시계획과 순환도로 체계가 완성되었다. 공공아파트가 건설되었고, 9년의 의무교육이 추진되었으며, 사회보장제도가 출범한 것도 이 시기였다. 특히 1972년 주룽반도와 홍콩섬을 잇는 해저 터널과 1980년 지하철 1기의 개통은 홍콩의 발전에 지대한 영향을 미친 일대 사건이었다.

중국

식민주의는 그것이 사라지는 순간에 다시 돌아온다.
- 피터 차일즈

1국가 2체제

홍콩에 대한 주권 회복을 위한 담판을 전개하면서 중국정부가 내세운 최고의 카드는 1국가 2체제라는 일찍이 들어보지 못한 정치제도였다. 이른바 1국가 2체제 방침은 타이완과의 통일 문제를 해결하기 위해 내놓은 중국 측의 구상으로, 홍콩과 마카오의 주권 회수를 위한 방안으로 우선 적용되었다. 즉, 중국 본토에는 사회주의를, 타이완·마카오·홍콩은 자본주의 제도를 시행하는 것이다.

영국의 의해서 150년간 자본주의가 시행되어온 홍콩에 사회주의를 시행한다는 것은 실현가능성이 매우 낮을뿐더러 사회혼란을 가져올 수밖에 없는 현실을 우선 고려한 해결 방법이라고 보아야 한다. 바로 중국사회주의라는 주체 안의 홍콩에서 자본주의 제도와 그 생활방식을 실행한다는 것이었고, 그것을 앞으로 50년 동안 보장한다는 것이었다.

1981년 전국인민대표대회 상무위원장 예젠잉(葉劍英)의 명의로 발표된 9개 조항의 성명에서 처음으로 1국가 2체제 구상이 보인다. 국가가 통일된 후 타이완은 특별행정구가 되며, 고도의 자치권을 향유한다는 것, 타이완 현존의 사회경제제도는 불변이라는 점 등이 포함되어 있다. 1국가 2체제의 초보적 구상은 당초 중국정부에서 타이완과의 통일 문제를 해결하기 위해 마련하였다. 하지만 결과적으로 덩샤오핑의 강력한 주장에 의해 홍콩과 마카오에 우선 적용되었던 것이다.

덩샤오핑이 1개 국가의 2종 제도라는 표현을 처음으로 사용한 것은 1982년 대처 영국 수상과의 대담에서였다. 기본 내용은 중화인민공화국내 국가의 주체(13억 인구의 대륙)에는 사회주의를 계속 시행하고, 홍콩·마카오·타이완은 자본주의를 시행하는 것이다. 그때부터 중국정부 내부에서 덩샤오핑의 구상을 가다듬어 대 홍콩 정책으로 확정하여 그해 12월 전국인민대표대회에서 헌법 제31조로 확정했다. 당시 1국가 2체제가 억지로라도 홍콩인과 영국정부에 받아들여진 이유는 이 제도의 중점이 1국가보다는 2체제와 고도의 자치에 있었기 때문이다. 하지만 최근 중국정부는 2체제보다는 1국가 원칙을 더욱 강조하고 있다.

사실 행정 체제 역시 크게 바뀐 점이 없다. 조금 달라진 것이 있다면 최고 통치자인 총독이 행정장관으로 전환된 점이다. 중국정부에 의해 최종 임명되는 특구 행정장관의 직권 설계는 국가 체제의 내각제를 흉내 낸 것으로, 그는 행정의 수장이면서 홍콩을 대표한다. 그의 주요 직무는 법안에 서명하고, 법률을 공포하며, 정책을 결정하고, 주요관리를 지명하고, 법관에 대한 임면권을 지니며, 사면과 감형권을 가진다. 그는 이전의 총독처럼 입법회의를 이끌지는 않지만, 그것에 대한 해산권을 가지고 있다.

1국가 2체제의 배경

이 제도를 말하기에 앞서 우선 중국사회주의에 대한 이해가 필수적이다.

주지하다시피 사회주의 발전 모델은 마르크스의 역사발전 5단계 이론에 근거한다. 즉, '원시 공산사회-노예제 사회-봉건제 사회-자본주의 사회-사회주의 사회'의 발전 모델이 그것이다. 마르크스의 견해에 따르면, 1949년 중화인민공화국의 출범으로 중국은 사회주의시기로 진입했다. 이에 대해 우파 성향의 학자들은 중국대륙의 자본주의 단계 존재 여부에 대해 의심한다.

즉, 사회주의는 자본주의를 전복해야만 진입이 가능한 것인데 중국대륙에 자본주의 시기가 과연 존재했는가 하는 것이다. 중국공산당은 이에 대하여 크게는 아편전쟁 이후 외세에 의해 점령당한 조차지 내에 나타난 자본주의적 현상을 내세우고 있다. 작게는 1910년대부터 1940년대까지 상하이를 비롯한 대도시에 출현했던 빈부격차를 그 증거로 제시하고 있다.

아무튼 마르크스의 이론에 따르면 현재 지구상에 남아 있는 몇 안 되는 사회주의 국가는 사회주의 단계라는 과도기에 처해 있다. 그들은 소위 공산사회라는 이상사회를 지향해서 나아가고 있는 중이라는 말이다. 이 과도기의 기간에 대하여 마르크스는 뚜렷한 규정을 하지 않았고, 동시에 이 과도기에 대한 구체적인 견해를 밝힌 적이 없다. 따라서 그동안 사회주의 국가는 자신들의 특수한 환경에 따라 자신의 이론 체계를 구축해 왔다.

중국 특색의 사회주의와 홍콩

그렇다면 중국이 지금 사회주의 국가라고 할 수 있느냐는 항의성 질문이 당연히 제기된다. 현재 중국은 자본주의 국가라고 불러도 크게 어긋나지 않을 만큼 시장경제 체제로 전환되었기 때문이다. 그래서 1979년 개혁개방 이후 약 30년이 지난 지금까지도 중국-외국 간 또는 학자 간 논쟁이 계속되고 있다. 다만 개혁개방의 최고 전도사라고 할 수 있는 덩샤오핑이 사회주의는 사회주의인데 중국 특색의 사회주의라고 명명하면서 이론문제의 딜레마에 봉착한 중국공산당의 고민을 상당부분 해소시켰다.

이후 중국은 사회주의냐 아니면 자본주의이냐 하는 이념논쟁으로부터 매우 자유스러워진 상태가 되었다. 그럼에도 불구하고 최첨단 자본주의를 구가하는 홍콩을 수용하고자 중국이 당장 자본주의 체제로 전환할 수도 없는 노릇이었다. 홍콩의 입장에서 보더라도 1국가 1체제 형식은 용납될 수 없는 것이었다. 150년간 첨단 자본주의 생리에 익숙해 온 그들에게 사회주의 체제로의 직행을 요구하는 것은 홍콩사회를 전복시킬 수 있는 크기의 충격이자 홍콩 번영의 종말을 의미하기 때문이다.

중국공산당의 공식 이론에 따르면, 현재 중국은 사회주의 초급단계에 처해 있다. 이론적으로 중국의 사회주의 초급단계의 최종 시점은 2050년이다. 초급의 목표는 전체 중국의 생활수준이 먹고 살만한 상태인 소강小康에 도달하는 것이다. 연해 대도시와 경제 특구들은 이미 그 수준에 다다른 것으로 볼 수 있다. 중국정부는 그런 판단 아래 나날이 확대되고 있는 동서격차를 감소시키기 위해 서부지역 개발을 대대적으로 독려하고 있는 것이다. 개혁개방 이후 중국의 경제발전이 황해를 위시한 연해지역 중심으로 전개되다 보니 지역 간 편차가 매우 크게 나타나고 있다. 지역 간의 발전격차는 물론 개인 간의 빈부격차는 중국의 발전을 위협하고 있는 가장 큰 문제가 된 지 오래다.

연해와 내륙의 빈부격차를 줄이고, 전체 인민의 생활수준을 먹고 살 만한 상황으로 제고시키는 것이 사회주의 초급단계의 목표이다. 2050년 쯤 되면 그 수준에 도달할 것이라고 중국정부는 내다보고 있다. 그래서 주권 반환 당시 홍콩의 자본주의 체제를 1997년부터 50년간 유지하기로 보장한 것이다. 그즈음이면 내지 도시와 홍콩의 경제 역량은 비슷한 수준이 될 것이라고 본다. 중국 전체가 소강 수준에 도달하면 최첨단 자본주의 시스템을 시행하고 있는 홍콩의 충격을 흡수할 수 있다고 예상하는 것이다. 이론 시비를 불러일으킬 수 있다는 우려 때문에 그 이후 즉, 중급단계나 종급단계에 대한 공식적인 의견은 발표하지 않고 있다.

홍콩과 덩샤오핑

1991년 설날, 덩샤오핑은 예년처럼 상하이에서 설을 보내고 있었다. 그는 상하이의 주요 기관을 시찰한 후 당시 중국

내에서 한창 뜨겁게 진행 중이던 사자社資 논쟁 즉, 중국의 경제체제가 사회주의인가 자본주의인가를 따지는 풍조를 통렬하게 비판했다. 이때 덩샤오핑이 들고 나온 화두가 '흰 고양이든 검은 고양이든 쥐를 잘 잡는 고양이가 좋은 고양이'라는 것이었다. 1989년 6·4 천안문 민주화운동 이후 중국은 보수적인 분위기가 사회 전체를 무겁게 짓누르고 있었다. 좌경화된 논조가 정계는 물론 주류 매체를 완전히 지배하고 있었다. 상하이에서 외친 덩샤오핑의 목소리의 메아리는 턱없이 부족했다. 다음 해인 1992년 설을 전후하여 90세를 바라보는 덩샤오핑은 천고에 길이 남을 남쪽으로의 여행 '남순南巡'을 단행했다.

1989년 6·4 천안문 민주화운동을 무력으로 제압한 중국정부는 이후 외교적으로 완전한 수세에 몰려 있었고, 각국의 대중국 경제제제에 의해 경제는 극도로 위축되어 있었다. 덩샤오핑은 이런 분위기가 장기적으로 지속되고 있는 상황을 우려했다. 개혁개방 나아가서 중국의 발전이 그냥 주저앉을 위기로 판단했던 것이다. 홍콩사회에서는 더 이상 중국을 믿을 수 없다는 분위기가 팽배해 있었고, 시민들은 이민 신청을 위해 각국 대사관 앞에 장사진을 치고 있었다.

2주간의 남순 과정은 그야말로 한 편의 명화를 보는 것처럼 감동적이었다. 그는 위인이었다. 그는 살아있는 카리스마이자 신화였다. 그의 말 한마디와 표정 하나까지도 완전하게 기사화되고 있었다. 광둥성의 수도인 광저우를 비롯하여 개혁개방의 최대성과인 선전과 주하이(珠海)를 중심으로 유명 기업을 잇달아 방문하면서 이 혁명원로는 사자후를 토했다. 흰 고양이든 검은 고양이든 쥐를 잘 잡는 고양이가 좋은 고양이라며, 지금 이대로의 걸음으로 100년을 가자고 했다. 이후 전국적으로 개혁개방에 대한 염원은 다시 요원의 불길처럼 전국적으로 거세게 타올랐다. 홍콩의 환영 분위기는 말할 나위도 없었다.

중화인민공화국과 홍콩특별행정구

1983년 12월의 제7차 회담부터 담판은 중국 측이 제기한 기본 원칙을 중심으로 진행되었다. 12개 조항의 방침은 아래와 같다.

1. 주권 반환 후 홍콩특별행정구를 설립한다.
2. 홍콩특별행정구는 중앙인민정부에 직속되며, 외교와 국방사무를 제외하고, 고도의 자치를 실행한다.
3. 홍콩특별행정구는 행정권·입법권·사법권과 최종심판권을 지니며, 현행 법률은 기본적으로 바뀌지 않는다.
4. 홍콩특별행정구는 현지인 스스로가 통치한다.
5. 홍콩의 사회·경제 제도, 생활 방식은 바뀌지 않으며 거주민의 권리와 자유·개인재산·기업 소유권 등은 법률의 보호를 받는다.
6. 자유항과 독립관세 지역의 지위를 유지한다.
7. 국제금융센터의 지위를 유지하고, 외환·금·증권·선물시

장은 계속 개방하며, 자금의 출입은 자유이며 홍콩달러
는 계속 유통하며 자유 태환한다.

8. 홍콩에서의 영국 이익을 보호한다.

9. 재정은 독립되며, 중앙정부는 홍콩으로부터 징세하지
   않는다.

10. 홍콩특별행정구는 '중국 홍콩'의 이름으로 각국 및 각
    지역 그리고 유관 국제 조직과 경제 문화적 관계를 유
    지 발전시킬 수 있으며, 협정을 체결할 수 있다.

11. 사회치안은 홍콩특별행정구 스스로 유지한다.

12. 홍콩특별행정구 '기본법'을 제정한다.

1984년 9월, 베이징의 인민대회당에서 중국과 영국의 대표
는 홍콩 문제에 관한 '공동 성명'을 체결하기에 이른다. 1997년
7월 1일을 기해 중국정부가 홍콩에 대한 주권을 행사한다는
것이 주요 내용이다. 동년 12월, 2년간의 협상을 거쳐 양국 지
도자가 참석한 가운데 정식으로 체결 의식을 진행했다. 이어
서 1985년 제6차 전국인민대표대회에서 '공동 성명'이 비준되
고, 동시에 '홍콩특별행정구 기본법' 기초위원회를 구성하는
결정이 통과되었다. 그 후 기초위원회는 수차례의 회의를 거
쳐 1990년 4월 전국인민대표대회는 '중화인민공화국 홍콩특
별행정구 기본법'을 통과시켰다.

'기본법'에서 가장 중요한 조항은 제4조와 제5조, 제6조라
고 할 수 있다. 홍콩특별행정구는 법률에 의하여 거주민의

권리와 자유를 보장한다는 것과 사회주의 제도와 정책을 시행하지 않고, 원래의 자본주의 제도와 생활방식을 유지하는데 50년간 변하지 않는다는 것과 법률에 의해 사유재산권을 보호한다는 내용이다. '기본법'에 홍콩특별행정구(Hong Kong Special Administrative Region, HKSAR)는 중국의 일부로서 고도의 자치권을 향유한다고 되어 있다. 아울러 토지와 자원은 국가소유이며, 홍콩특별행정구 정부는 토지와 자원의 운영권을 보유하며, 홍콩은 중국의 국가상징과는 별도로 지역 및 지역상징을 사용한다고 명시되었다.

'중화인민공화국 홍콩특별행정구 기본법'은 중국 중앙정부와 홍콩특별행정구와의 관계를 명확하게 규정하고 있다. 즉, 홍콩특별행정구는 중국의 지방행정구로서 고도의 자치권을 향유한다. 하지만 중앙정부가 외교와 국방을 책임지며, 외교부는 홍콩에 사무소를 설치하고, 중국군은 홍콩에 주재한다고 했다. 아울러 중앙정부가 홍콩의 행정수반(Chief Executive)을 임명한다는 점도 분명히 하고 있다.

가장 중요한 점은 '기본법'의 해석과 개정에 관한 문제인데, 당연히 중앙정부 즉, 국회격인 전국인민대표대회가 그 권한을 가진다. 개정안 발의권은 특구정부·전국인민대표대회·국무원에게 있어 상당히 유연하다는 느낌을 받을 수 있다. 하지만 특구정부가 발의할 경우 특구 인대대표 3분의 2이상과 입법회의 3분의 2이상 그리고 특구 행정장관의 동의를 통과해야만 전국인대에 회부될 수 있다. 명실상부한 중앙-지방정부의 모양새를 갖추고 있는 것이다. 이것으로 볼 때 정치적으로 중국-홍콩 간 주종관계가 분명해 보인다. 따라서 이 관계의 확인과 주입은 중국정부의 당연한 의무사항인지도 모른다. 중앙정부의 지도급 인사들에 의한 확인과 주입은 수시로 반복되고 있다.

애국의 주입과 중원중심주의

2008년 홍콩에서 다시 애국의 바람이 거세게 불고 있다. 홍콩의 애국 정서 고양을 위해 중국정부가 올림픽을 그것과 직·간접적으로 연결시키고 있는 것이다. 일찍이 1984년 6월 덩샤오핑은 반드시 애국자가 홍콩을 통치해야 한다고 했다. 덩샤오핑은 애국자에 대한 정의를 "자기 민족을 존중하고, 조국이 홍콩에 대한 주권을 회복하는 것을 성심성의껏 옹호해야하며, 홍콩의 번영과 안정에 해를 끼치지 않는 자"[36]라고 한 바 있다. 1997년을 중심으로 중국의 대 홍콩 전략은 사실 국민 교육[37]이라고 할 수 있다.

이후 중국정부에 의해 홍콩인의 애국 교육은 꾸준히 진행되어 왔다. 2004년 2월에도 중국공산당 중앙은 애국자가 홍콩의 지도자가 되어야 한다고 했다. 더불어 1국가는 2체제의 전제이며, 중국의 약속인 홍콩인이 홍콩을 통치하는 조건에서 홍콩인은 애국자가 전제가 되는 홍콩인을 말하는 것이라고 했다. 또 고도의 자치는 홍콩특구가 중앙이 부여하는 권한하에서의 고도 자치를 말하는 것[38]임을 강조했다. 물론 이 말은 어제 오늘의 말이 아니다. 특히 2003년부터 1국가는 2체제보다

절대적으로 우선하며, 중앙정부의 통치권은 홍콩인의 자치권에 우선한다는 점39)을 반복하여 강조하고 있다.

이 이면에는 홍콩인에 대한 중국인의 시각이 깔려있다. 즉, 홍콩인들은 장기적인 식민지 교육으로 국민 교육과 국가사회에 대한 정치 교육이 부족했던 바, 그래서 국가 관념이 희박하고, 민족의식이 부족하게 되었다40)는 것이다. 그래서 중국학자들의 논문은 뚜렷한 이유도 없이 매번 결론은 중국 국민으로서 가장 기본적인 입장은 바로 조국을 인식하여 자신의 민족적 책임감을 드높이는 것41)이라는 쪽으로 치닫고 있다.

그래서 중국정부는 애국자가 홍콩을 통치한다는 덩샤오핑의 원칙을 되풀이해서 발표하면서 홍콩의 친중국 매체를 총동원하여 애국자 교육을 계속하고 있다. 언론이 보기에 애국자는 정치 체제 문제에 있어 중국정부의 의견을 지지하는 자이다. 그래서 홍콩을 통치할 자격과 능력을 갖추었다는 것이다. 당연히 중국정부와 의견이 다른 사람은 비애국자로서 홍콩을 통치할 자격도 능력도 없는 사람이 된다. 심지어 매국노나 간첩으로 규정되기도 한다.

주권 회귀 5주년을 맞은 2002년에 총서기 장쩌민(江澤民)은 홍콩 동포는 특별행정구의 주인이자 국가의 주인인데, 국가 관념과 민족의식을 부단히 증강시켜, 스스로 조국의 안전과 통일을 지키고, 조국과 민족의 전체 이익을 지켜야 한다고 했다. 이제 조국의 통일과 민족의 이익은 홍콩인들의 의식을 호시탐탐 지켜보게 되었다.

홍콩에서 애국이라는 정서가 최고조에 달한 것은 중국 최초의 우주인 양리웨이(楊利偉)가 방문했을 때이다. 중국은 2003년에 유인 우주선 발사에 성공했다. 200년 전부터 서구에 뒤지기 시작한 중국은 19세기 내내 그리고 20세기 까지도 서구열강으로부터 수모를 당해 왔다. 직접적 원인은 군사무기를 비롯한 과학기술의 후진성 때문이었다고 할 수 있다. 그동안 그들은 역사의 한을 풀기위해 모든 지도자가 총력으로 핵무기를 위시한 첨단기술의 개발에 매진하여 왔다. 그래서 1950년대에는 원자폭탄, 1960년대에는 수소폭탄, 1970년대에는 대륙 간 탄도 미사일 개발에 성공하였다. 이후 우주를 향한 계획을 차근차근 실천해 왔던 것이다. 유인 우주선의 성공은 21세기 중국 과학사의 가장 위대한 사건임이 분명하다. 중국은 유인 우주선의 성공을 국내는 물론이고 해외까지 국민 통합 교육에 최대한 활용했다.

  2003년 11월 수만 명이 홍콩 스타디움에 운집하여 양리웨이 환영 행사를 거행했다. 6일간의 방문 기간 동안 홍콩 전체가 흥분의 도가니가 되었는데, 모든 행사는 애국이라는 단 하나의 목표가 돋보이도록 준비되고 연출되었다. 홍콩 전체가 애국 교육의 시험장으로 급조된 느낌이었다. 친중국계 신문들조차 행사의 목적이 사회적 통합과 애국심 고취를 위해서 기획되었다고 공공연히 보도[42]하고 있었다.

  최근 미국의 민간단체인 프리덤 하우스(Freedom House)가 발표한 「2008년 세계 각국 언론자유도 조사보고」에서 홍콩은 전 세계 195개 국가(지역) 중 67위인 것으로 나타났다. 지난해 66위에서 67위로 한 단계 내려갔다. 이에 대해 보고서는 홍콩의 언론매체가 최근 자가 심사를 계속하고 있으며 이것이 홍콩의 언론 자유에 영향을 미친 것[43]이라고 설명했다.

경제와 홍콩

자유와 법치

자유라는 상상력의 힘

홍콩에 신기한 카드가 하나 있다. 팔달통(八達通, 옥토퍼스) 카드가 바로 그것인데, 그것 하나만 있으면 버스·전차·기차· 전철·여객선 등 공공 교통수단은 물론 택시까지 탈 수 있고, 햄버거도 먹을 수 있으며 마트·편의점이나 자동판매기에서도 사용할 수 있다. 그뿐만이 아니라 그것으로 수영도 할 수 있고 영화도 볼 수 있다. 또 학교에서 출석 점검도 따로 할 필요가 없다. 카드 판독기는 교내 도서관·매점 등에도 도입되어 있고, 부모에게는 문자로 학생들의 등하교 시간이 전송된다. 그야말로 사통팔달이다. 금 나와라 뚝딱, 은 나와라 뚝딱하면 나오는 현대판 도깨비 방망이이다. 팔달통 카드는 인간의 자유와 상상을 현실화한 것이다.

원시부터 인간이 꿈꾸어 왔던 요술 방망이는 1997년 10월 홍콩에 등장했다. 팔달통 카드는 그만큼 자유를 상징한다. 잔돈을 준비하지 않아도 되는 자유와 가격을 묻지 않아도 되는 자유는 특히 관광객들의 마음을 자유롭게 한다. 그만큼 신경을 덜 써도 되는 자유는 매우 소중하다. 적극적 불간섭 전통의 연속이자 그것의 새로운 창조이다. 홍콩이 세계적인 관광지로 명성을 떨치는 이유가 여기에 있다.

남보다 한발 앞서 가는 것인데 그 배경에는 자유가 있다. 교통질서에 있어서도 차에게는 철저한 준수를 요구하고, 사람에게는 상대적으로 큰 자유를 준다. 영화관에서 자리를 고를 수 있는 자유도 소중하다. 지하철에서도 계몽적인 방송은 나오지 않아 적어도 교육받지 않을 자유를 지켜주고 있다. 사회 내부 곳곳에 자리 잡고 있는 그런 자유와 합리성을 볼 때, 경제의 영역에서는 얼마만한 경쟁력을 지니고 있을지 미루어 짐작할 수 있다.

아울러 팔달통 카드가 등장할 수 있다는 사실은 사회 전체가 투명하면서도 유기적으로 작동하고 있음은 나타낸다고 할 것이다. 자유의 힘은 경제로 직결되고 있는데, 14년간 홍콩의 신기록이 계속되고 있다. 미국전통기금회는 2008년에도 어김없이 세계에서 가장 자유로운 경제 체제로 홍콩을 선정했다.

이제 자유는 홍콩경제의 전통임이 분명한데, 그것은 정치 상황과도 매우 밀접한 관계를 가지고 있다. 1971년에 공포된 교육법 제98호에 따르면, 정치적인 경례·노래·무용·구호·제복·기치·표지 등은 학교나 학교가 개최하는 활동에 사용이나 전시할 수 없다. 정치교육을 하지 않겠다는 식민당국의 의지를 알 수 있는 대목이지만, 이 조치가 도리어 홍콩의 자유정신을 제고하는 데 일익을 담당했다. 이 법은 1990년에 폐지되지만 이른바 홍콩인의 정체성을 가진 세대에게 특정 이념이나 철학에 의해 유도되지 않을 자유를 최대한 향유하면서 성장하도록 만들었다. 그래서 각종 이데올로기나 정치선전으로부터 물들지 않은 자유로운 홍콩인들의 상상력을 유도했다. 홍콩경제는 홍콩인들이 꾸는 자유로운 꿈의 소산이다.

주권 이양을 1년 앞둔 1996년 패튼 총독은 홍콩의 성공은 영국의 4대 공헌에 있다고 했다. 법치와 공무원제도, 경제, 자유, 민주화 등이다. 홍콩의 정치와 경제 관계의 특징을 집약하자면, 고효율성과 불간섭 정책이라고 할 수 있다. 적극적 불간섭 정책으로 일관되게 자유무역정책을 추진했고, 국제무역의 자유화를 지지했으며, 무역보호주의를 반대했다. 기업 경영에 있어서도 일관되게 자유경쟁과 적자생존 원칙을 고수했다.

영국의 법치와 고효율의 행정을 도입, 민주는 없지만 고도의 법치와 자유로 그것을 상쇄시켜왔던 것이다. 무엇보다도 사회 내에 법률에 대한 보편적인 동의가 존재한다는 사실은 홍콩의 매우 중요한 자산이다. 즉, 적자생존이 장려되는 철저한 자본주의의 홍콩사회이지만, 적어도 그것이 공정한 룰에 의해 보장된다는 분위기야말로 홍콩을 홍콩답게 발전시키고 유지하고 있는 정신이다. 자유가 자유로서 보장받기 위한 최소한의 제한이 정착했다는 말이다. 홍콩에서 공적 신용을 잃어버린다는 것은 자신의 모든 것을 잃는다는 것과 같다. 그렇게 볼 경우 사실 자유는 없고 민주만 있다는 홍콩사회에서 민주는 합리성으로 존재한다. 즉, 구두선으로 민주는 부족할지 모르지만, 사회 내 합리성은 어느 사회보다 앞서 있다는 점에 주목할 필요가 있는 것이다.

홍콩의 교통체계는 고효율 행정 체제의 상징이라고 할 수 있다. 선진 경제 메커니즘 즉, 고효율의 행정과 금융 체계 및 정보 네트워크는 영국 식민 주체들의 일관된 자부심이었다. 협소한 공간과 단위 면적당 세계 최고 수준의 인구는 홍콩 특유의 고효율 행정 시스템을 탄생시켰다. 홍콩정부는 교통 체계와 도로 시설을 건설할 때 승객수송능력을 우선 고려했다. 공공차량에게 도로 사용의 우선권을 부여하는 것은 물론이다. 따라서 지하철이나 기차 그리고 경철輕鐵 등이 주력체계이고 전통적인 버스나 미니버스, 전차, 택시 등은 종속 수단44)이 되는 것이다. 하지만 무엇보다도 홍콩경제 발전의 일등공신은 자유와 개방으로 상징되는 정신이라고 할 수 있다.

자유와 자본

홍콩을 아는 사람들이 말하는 홍콩문화의 장점은 중립, 개방, 자유이다.[45] 이것은 홍콩문화에 대한 총괄적인 결론이지만, 마찬가지로 홍콩경제의 비약적인 성장 비결을 압축하는 표현이라고 해도 무방할 것이다. 홍콩은 세계에서 가장 개방적인 자유항으로서, 상품과 외환의 진출입이 자유롭고, 기업경영이 자유롭고 대외 자본과 현지 자본이 동일시되는 곳이다. 그것에 앞서 지리적으로 중국대륙과 세계를 연결하는 관문이자, 태평양과 인도양 해운의 요충이고, 아시아 태평양의 중심이다. 게다가 세계 3대 항구로 꼽히는 빅토리아항의 깊은 수심 역시 홍콩의 경제발전을 논하는 데 빠질 수 없는 조건이다.

홍콩의 성공은 자본 진출입의 자유에 있다. 제2차 세계대전 이전에 들어온 영국과 함께 들어온 서방 자본은 물론이고, 해외 각지에서 들어온 중국인 자본도 큰 비중을 차지한다. 1949년 전후로 몰려 온 상하이 자본 역시 홍콩의 자본주의적 기초를 닦는 데 매우 중요한 역할을 담당했다. 상하이 자본은 중국 경제를 상징하는데, 개혁개방 이후 홍콩에 대한 투자도 무시할 수 없다. 상하이 자본가와 기술은 1950~1960년대 홍콩 공업화의 기초를 닦았다. 이 자본은 적극적 불간섭 정책의 홍콩 자유주의 경제와 매우 적절하게 조화되어 홍콩의 발전을 이룩하였다. 아울러 영국정부가 보여준 정치의 안정과 공공 합리성은 중국 자본은 물론 해외 자본의 유입에 중요한 계기를 제공하였다. 천광싱은 식민주의가 봉건 전제주의에 가한 충격에 긍정적 측면이 있다는 사실을 완전히 부정할 수 있는 사람은

별로 없을 것[46]이라고 했다. 아무튼 홍콩은 영국의 식민 기간에 동방의 진주라는 칭호를 얻었다.

1987년 9월 미국의 「포브스(Forbes)」에 따르면, 전 세계 141명의 10억 달러 자산가 중 홍콩인이 6명인데, 인구 비례로 보면 홍콩이 수위를 나타내고 있다. 억만장자 중에는 선대로부터 물려받은 이들도 있지만, 상당수가 맨손으로 가업을 일으켰다. 따라서 홍콩이 기회의 땅으로 주목받는 것이다. 이런 성과로 동방의 진주 홍콩은 세계 각국의 시선을 한 몸에 받아, 세계 각국은 홍콩과 유사한 자유항의 신설을 다투어 추진하게 된 것이다.

예를 들면, 필리핀은 수빅에 홍콩과 유사한 자유항을, 태국은 남부 5개 도시에 홍콩식 자유경제지구를, 일본은 오키나와에 자유무역지역을, 러시아는 소련·북한·중국의 접경지역인 하산에 원동 홍콩 건설을 목표로 하고 있다. 또한 우리나라도 제주도를 제2의 홍콩으로 건설한다는 계획을 발표한 적이 있다. 이런 현상으로 볼 때, 각국은 그들의 궁극적 관심은 다를지라도 홍콩식 발전 모델에 주목하고 있음을 알 수 있다. 뿐만 아니라 중국 개혁개방의 총설계사 덩샤오핑은 몇 개의 홍콩을 더 만들자고 하여 홍콩의 성과를 높이 평가한 적이 있다.

양행과 홍콩

1982년 1월 음력 설날 빅토리아 항구에서는 자딘 그룹(怡和洋行, Jardine Group)의 설립 150주년을 축하하는 폭죽이 밤하늘을 수놓고 있었다. 19세기 홍콩에는 아편 밀무역에 종사하는 양행洋行이 매우 많았다. 그들은 홍콩에 방대한 창고를 보유했을 뿐만 아니라 밀수를 위한 대량의 선박과 그것의 호위 함대까지 두고 있었다. 그들은 아편 밀수로 급성장하는데 1845년부터 1849년까지 인도에서 중국으로 들어간 아편의 4분의 3이 홍콩을 통한 것이었다. 또 1840년부터 1859년까지 20년 동안 아편 무역으로 벌어들인 영국의 순이익은 6배 성장하였다.[47] 그중 자단은 지금까지 홍콩 최대의 재벌기업 중 하나로 건재하고 있다. 도덕성을 탓하지 않는다면 거대 기업이 초기 홍콩 경제의 기초를 다진 것은 분명하다.

이와 함께 기간산업 또한 초기 발전의 기틀을 다졌다. 1860년에 이미 수도와 가스, 조명이 공급되기 시작했고, 1871년에 전보 시스템이 완성되었다. 또 1865년에 영국자본은 홍콩상하이은행을 홍콩에 설립했다. 그 은행이 이후 청 정부나 북양군벌 그리고 국민당 정부에 대한 대출 등 중국 국내 상황과 연계된 영업으로 큰 이익을 취한 것[48]은 주지의 사실이다.

이 가운데서도 특이한 경제 주체가 나타났는데, 매판 계급이 그것이다. 매판은 식민지 시작 이전부터 나타난 제도로서 영국 식민지 자본가와 중국의 전통 상인을 잇는 교량 역할을 했다. 하지만 천고의 죄인으로 줄곧 비난 받아왔던 매판 계급은 1930년대에 자동적으로 사라져 그 역사적인 책임을 다했다. 새로 나타난 중국인 자본가와 식민지 자본가는 치열한 자본주의 경쟁 체제의 일원일 뿐이었다.

영국에 의해 1841년부터 자유무역항으로 선포된 이후 홍콩은 전 세계에서 가장 자유롭고 가장 개방적인 자유항으로 인식되었다. 18~19세기 영국 고전경제학파가 제창한 자유방임 경제의 현실적 구현이었다. 물론 당시로서는 어쩔 수 없는 선택이었는지도 모른다. 왜냐하면 작은 어촌을 활성화시키기 위해서는 무관세와 상품수출입의 자유가 필수였기 때문이다. 이후 1841년부터 1897년까지 50년 동안을 중계 무역항의 형성기로 볼 수 있고, 1898년부터 1941년의 일본 점령 이전까지를 발전기[49]라고 할 수 있다.

홍콩은 협소한 공간에 비해 자금·인재·정보 등 거대한 경제자원을 보유하고 있다. 제2차 세계대전 이후 경제 발전이 가장 빠른 지역 중의 하나였는데, 1947년부터 1987년까지 40년 동안 홍콩인의 GDP(국내 총생산)가 열 배 성장했다. 영국은 열 배 성장하는 데 200년(1750~1950)이 걸렸고, 미국은 1840년부터 1960년까지 120년 동안 8배 성장했을 뿐이다.[50]

제2차 세계대전 중 일본에 점령당해 경제적 손실이 매우 컸으나, 전후 중국과의 무역확대로 바로 무역 중개지의 역할을 회복했다. 1949년 중화인민공화국의 수립으로 대외 창구로서의 홍콩의 중요성이 부각되어 무역액은 빠른 속도로 신장되었다. 한국전쟁과 그것에 따른 대 중국 금수조치로 홍콩경제는 잠시 위기를 맞기도 하지만, 곧 방직과 의류제조업으로 구미 시장을 개척하여 공업도시로 성공적인 전환을 했다. 소위 수출주도형 정책인데, 대만보다는 6~7년이, 한국이나 싱가포르보다는 10년 정도가 빨라 당시로서는 경쟁상대가 없었다[51]는 것이 정설이다.

정치적 자유와 공공질서

1986년 처음으로 홍콩에 도착했을 때 매우 반가웠던 점은 지하철에서 계몽성 방송이 나오지 않았다는 점이다. 당시 우리는 간첩 신고는 어디로 하고 노약자에게 자리를 양보하자는 반복 학습을 받고 있을 때였다. 또 하나 반가웠던 점은 영화 시작할 때 국가가 나오지 않았고 기립하지 않아도 된다는 것이다. 최소한 그들은 정체성을 유도하거나 강요하지 않았다. 이념이나 정치를 강요받지 않을 권리와 세뇌되지 않을 권리의 소중함이라고 할까 그것이 바로 진정한 자유라고 생각했던 기억이 있다. 사실 정치를 강요하지 않았다는 것보다 정치가 존재하지 않았고, 정치에의 관심은 식민지 정부가 원하지 않는 것이었음에도 말이다.

홍콩은 영국의 식민지라는 특수한 입장으로 인해 대륙이나 대만의 정치적 움직임과 상대적으로 자유로울 수 있었다. 하지만 홍콩 내에서는 우익과 좌익 그리고 친서방 세력 등이 정보와 홍보를 둘러싸고 치열하게 투쟁해 왔다. 지금도 크게 달라진 점은 없지만 주권 이양 이전까지 좌우익 세력은 홍콩에서 치열한 심리전을 전개해 왔다. 1949년 당시 우익세력은 미국 공보처와 아주기금회의 지원으로 「중국학생주보」 「조국」 「대학생활」 등의 잡지를 이용하여 반공의식을 고취하였다. 좌익세력은 중국정부의 지원을 받는 삼련서점, 상무인서관, 중화서국 등의 출판사를 기지로 「대공보大公報」 「문회보文匯報」 「신만보新晚報」 등의 신문으로 반격을 하고 있었다. 이런 분위기에 대응하여 1948년에 홍콩정부는 교과서기준위원회를 소집하여 어느 진영의 선전이나 여론이 교과서에 침투하지 못하도록 조치했다.

정치적 자유에 비해 사회 기초 질서는 매우 엄격하게 요구되고 있다. 홍콩에 도착하면 바로 벌금 경고판이 우리를 에워싼다. 전철이나 기차에서 성인이 학생 우대증을 사용할 경우 8만 원이 부과된다. 승강장에 있는 비상벨을 장난으로 건드리면 벌금 80만 원이다. 홍콩의 대중교통 수단에서 담배를 피우면 80만 원을, 길에 담배꽁초나 휴지를 버리면 25만 원을 벌금으로 내야 한다. 또 가래를 뱉으면 80만 원이 부과된다는 경고가 행인을 호시탐탐 지켜본다. 관광객들이 많이 찾는 홍콩공원 입구 철제문에는 8가지(개 출입금지, 스케이트보드 금지, 스케이트 바이킹 금지, 조류에게 모이를 주지 말 것, 자전거 금지, 노점 금지, 나무 훼손 금지, 물고기 방생 금지) 금지 표지판이 한꺼번에 부착되어 있다. 당연히 벌금형만으로 부족하기에 이제 징역형 계몽이 추가될 수밖에 없다. 무허가 거리 노점상은 80만 원에 6개월 징역형이다. 불법 광고물은 80만 원에 3개월 징역형이라는 경고판까지 부착되어 있다. 대형 쓰레기 무단투기자는 400만 원 벌금에 6개월 징역형에 처해진다. 쓰레기를 바다에 버리면 조금 저렴한데 150만 원에 6개월 형이다.[52]

광둥성

　　자신의 과거에만 의존하는 민족은 미래가 없다. 그러나
　자신의 전통을 완전히 부정하는 경우도 미래가 없다.

- T. D. Lee

중국인다움

　홍콩의 경제적 성취를 홍콩현상이라고 하는데, 홍콩현상의
주요배경53)으로 홍콩의 우세한 지리적 여건과 1950~1960년
대 국제경제 상황의 변화, 그리고 자유기업제도와 시장경제
그리고 중국의 문화적 전통을 들 수 있다. 덩샤오핑은 홍콩의
번영은 중국인이 주체가 된 홍콩인이 창조한 것이라고 한 적
이 있는데, 중국인이 홍콩 성공의 주체라는 점을 강조한 것일
테고 그것은 중국의 문화적 전통과 서로 통하는 말이다.

　실제로 홍콩경제 발전의 배경을 살펴보면, 그 안에 서양과
동양의 특징이 자리 잡고 있음을 알게 된다. 즉, 서양적인 것
은 법치나 합리적인 관리 시스템 등을, 동양적인 것으로는 가
족·고향·친구 등 사회 관계망 중시를 들 수 있겠다. 홍콩인들
이 중국인다움을 간직하고 있다면 그것은 바로 가족이나 친지
와 유대 관념이 매우 강하다는 것이다. 나아가서 그것은 바로
가족 경영이나 소위 아는 사람 위주의 영업망을 형성하는 바
탕이 되는 것이다. 고향이나 사투리로 신임을 결정하고 사회
망을 형성하는 홍콩인54)의 집단의식이 매우 강하다는 것이다.

특히 향우회 중심의 단결력은 실로 막강해서 홍콩에서는 자신이 어느 향우회 소속이라는 점만 밝혀도 자신의 사업을 보호받을 수 있다. 그야말로 물심양면으로 자신을 최대한 지원해주는 단체가 있고 자신의 능력과 행운만 따라준다면 이상을 실현하기란 그만큼 더 수월한 법이다. 따라서 거대 갑부의 출현은 시간 문제였다.

고향별로 살펴보면 광저우(廣州), 중산中山 등 주장(珠江) 삼각주 출신들은 홍콩에 비교적 일찍 그리고 가장 많이 정착한 세력으로 초기에는 주로 상점이나 음식점 영업에 종사하다가 나중에는 부동산과 금융업으로 진출하여 막대한 부를 쌓았다. 홍콩에서 가장 영향력이 큰 세력이라고 할 수 있다. 그리고 홍콩 전체 인구 중에서 100만 명이 넘는다는 차오저우(潮州) 출신 역시 빠질 수 없는데, 그들의 성공은 홍콩 최고 갑부 리자청(李嘉誠)으로 대표된다. 홍콩에서든 해외에서든 차오저우 출신의 응집력은 특히 강하여 광둥성 출신 중에서도 최고로 꼽힌다. 차오저우와 관련하여 홍콩에 정식으로 등록된 동아리만 해도 100여 개가 넘는다.55) 홍콩 갑부들의 성공은 향우회의 지원과 불가분의 관계를 가지고 있다.

중국인의 힘은 사실 동향인의 힘이다. 이른바 중국인은 흩어진 모래알 같은 존재가 아니라 중화의식으로 똘똘 뭉친 집단이다. 그러나 무엇보다도 중요한 것은 주변국에 대한 중국의 인식수준이다. 전통적으로 중국은 중화주의 그러니까 자신이 세상의 중심이며 근본이라는 생각 때문에 주변국에 대한 독립성을 인정하지 않아왔다. 동아시아를 비롯한 동남아시아 심지어 중동까지도 정치적으로 자기들의 간접적 지배하에 있었으니 문화적으로도 당연히 중국문화의 연속이라고 생각하는 것이다. 그들은 문화를 주고받는 것으로 인식하기보다는 나누어 주는 것이라고 생각하는 사람들이다.

사실 그들은 역사적으로 뚜렷한 실체가 없는 한족을 실체가 있는 민족으로 굳게 믿고 있는 집단이다. 한족 자체가 혼종의 결과인데도 말이다. 그들은 자신 또는 자신의 조상이 살던 곳에 대한 집착이 어느 민족보다도 강하다. 따라서 어디를 가든 같은 고향끼리 모인다. 그리고 중화회관(중화 총상회)을 만들고, 자신들의 향우회를 조직한다. 홍콩에서 중국인의 이익이 대변되기 시작한 시점이 중화회관이 건립된 1896년56)이다. 해외 중국인 사회를 보더라도 모든 행사는 이 회관과 향우회를 통해서 준비되고 진행되며, 향우회는 회원의 사소한 이익까지도 책임지는 것이다. 하기야 낯설고 물 선 이국에서 같은 외모에 같은 사투리를 사용하는 모임만큼 정서적으로 안정을 주는 것도 없는 법이다.

역동적인 영남문화

중국 전체를 놓고 볼 때, 대외 이민의 주축은 광둥인이다. 현재 동남아를 비롯한 해외 중국인 사회의 절대 다수는 이들이다. 광둥성 사람 치고 동남아에서 성공한 친인척 한두 명 없는 경우는 없다. 뿐만 아니라 그들은 태평양의 하와이, 미국

본토, 유럽의 구석구석까지 진출하여 활동하면서 본국과 유대를 게을리하지 않고 있다.

중국 대륙의 동남부에 위치한 광둥성은 지리적으로 볼 때 성 전체가 대외를 향하여 개방되어 있다. 중국 대륙을 배경으로 전 세계를 향하고 있는 것이다. 이런 특징은 해외 교류에 있어 필요충분조건이 되어 왔다. 지금도 대외 개방의 정도에 있어 중국 전체에서 수위를 차지하고 있지만, 이미 수 세기 동안 창장 입구의 상하이와 함께 중국의 관문 구실을 하고 있었다. 그래서 영남문화의 특징을 다원성·포용성·변이성·선도적·실무적이라고 정의한다.

영남嶺南은 중국 남방 오령산맥 이남 지역을 가리키는 것으로, 현재의 광둥성·광시성 전체와 후난성·장시성 일부를 아우른다. 고대에는 백월百越로 통칭되었고, 진秦대에 통일 편입되었다. 하지만 험준한 산맥 이남이라는 그 지리적 특징으로 오랜 기간 동안 중원과 다른 문화를 유지해 왔다. 최근 남월왕南越王의 분묘가 발견되어 2,000년 전에 이미 이 지역에 자신만의 특징을 가진 문화가 존재하였음이 증명57)되었다. 월은 월남越南, 즉 베트남의 위쪽인데 중원 중심주의 입장에서 늘 남만(南蠻 : 남쪽 오랑캐)으로 또 문화 사막 같은 맥락으로 이해되어 왔다. 그래서 어떤 학자는 홍콩문화는 시종일관 영남문화의 일부분58)이라고 주장하는 것이다.

홍콩을 말하면서 광둥성과 함께 또 하나 간과할 수 없는 것은 주장 삼각주이다. 홍콩과 주장 삼각주와 광둥성의 유기적인 관계는 매우 중요하다. 홍콩과 마카오를 입구로 두고 있는 주장은 광둥성을 관통하고 있는데, 천 년 전부터 차와 도자기, 비단을 가득 실은 무역선의 왕래가 잦았다. 홍콩과 광둥성의 긴밀한 관계는 2002년 11월 광둥성에서 발생한 사스가 즉각 홍콩으로 전염된 것을 보더라도 알 수 있는데, 빠뜨릴 수 없는 것은 주룽반도와 광저우를 연결하는 철로이다. 1906년에 공사를 시작하여 1911년에 완성된 길이 179km의 철도는 홍콩과 광둥성을 일체화하는 결정적인 계기가 되었다.

인접 도시 선전(深圳)도 홍콩 경제의 지속적인 번영에 중요한 역할을 했다. 일찍이 선전은 중국 대륙이 홍콩을 접수하기 위한 교두보로 조성하였다. 나아가서 중국과 홍콩을 잇는 경제적 교량역할을 해야 했다. 즉, 홍콩 경제와 어깨를 나란히 할 수 있는 역량을 갖춘, 그래서 유사시에 그것을 대체할 수 있는 경제 도시로 만들어야 했다. 그래서 30년도 안 되어서 인구 2만의 어촌에서 1,000만 명의 대도시로 성장했던 것이다. 선전은 중장기 계획에 의해 철저히 계획된 도시다. 중국 최고 지도자가 국내 자금 동원을 지휘했고, 국내 각 지역의 회사가 선전에 투자하도록 유도되었다. 1997년 주권 이양까지 적어도 경제 규모로 볼 때 홍콩과 상호보완을 이야기할 수 있을 정도로 발전시키는 것이 급선무였다. 그래서 해외 자본의 투자를 유도하기 위해 기술 집약형의 산업이 중점 개발되었던 것이다.

첨단 자본주의

현대의 모든 문제는 이성이 과도하게 발전했기 때문이 아니라 오히려 이성이 아직도 너무 적게 개발되었기 때문이다.

                          - 하버마스

홍콩에 처음 도착해서 또 하나 신기했던 것은 영화관에서 자리를 관람객 스스로가 선택한다는 사실이었다. 또 특별석과 일반석 두 종류가 있다는 점이었다. 그러니까 관람객은 영화관 입구에서 두 가지 선택을 해야 하는데, 하나는 돈을 조금 더 주고 실내 중앙에서 조금 뒤에 위치해서 영화가 잘 보이면서 의자 자체도 편한 좌석을 선택할 것인지, 그리고 많은 좌석 중에서 자신이 어디에 앉을지를 골라야 한다. 같은 돈을 내고도 운에 따라 희비가 엇갈리는 경험은 아주 기분 나쁜 일이다. 그래서 자기가 낸 돈의 가치만큼 정확하게 대우받는다는 사실은 중요하다. 아주 사소하지만 홍콩에서 돈의 힘을 알 수 있는 사안이다. 돈의 가치를 정확하게 평가해준다는 말이 타당할 것이다. 이것이 진정한 자본주의가 아닐까?

어떤 시인은 자본주의와 식민주의가 각기 다른 형식으로 홍콩인을 착취했다고 했다.[59] 홍콩은 경제논리가 지배하는 곳, 비교적 심각한 상태의 양극화가 진행되어 온 곳, 생활공간이 여유롭지 못한 곳으로 '돈 많이 버세요(恭喜發財)'가 사회의 가장 전형적인 이념이 되어 버린60) 공간이다. 당연히 그 안에는 첨단 자본주의 사회에서 필수적으로 나타나고 있는 내부적 모순이 많이 나타나고 있다. 환경오염이나 빈부격차는 물론이고 자본에 의한 인간 소외도 심각하다.

홍콩의 지금 모습은 영국 식민지 당국이 그린 것이다. 결과적으로 고도성장했기에 거주나 상업 공간 배치에 치밀한 계획을 세우지 못했고, 나아가서 환경문제에 대한 고려가 부족했다. 초고층 빌딩으로 정형화된 홍콩의 도시 형상은 인구의 급격한 증가와 그것에 편승한 식민지 정부의 상업성이 만들어 낸 작품이다. 게다가 제한적인 지형과 협소한 공간을 이유로 시도된 바다 메우기 프로젝트는 처음부터 많은 문제점을 내포하고 있었다.

홍콩의 도시 경관은 처음부터 짜임새가 결여되었던 것이다. 이민 풍조에 차분하게 대응하는 미래 도시 청사진은 애초부터 기대하기 어려웠다. 좁은 공간에 더욱 많은 인구를 수용하기 위한 효율성과 단위 면적당 얻을 수 있는 상업성이 최종적인 배경임은 물론이다. 이렇게 홍콩 야경의 직접적 배후인 밀집형의 초고층 건물은 관광객이나 거주민의 안전을 위협하고 있다. 그래서 홍콩인들의 희박한 가정 관념에 대한 이유를 초고층 아파트의 산물로 본다. 거리와 이웃이라는 개념이 거의 사라졌고, 사람과 사람 사이의 괴리감이 커졌다61)고 보는 것이다.

공익광고의 내용이 그 사회의 현실을 일정 부분 반영한다고 할 때, 거주 공간으로서 홍콩의 문제를 상징적으로 보여주는 것이 있다. 홍콩의 텔레비전 공익광고 중에서 가장 오랜 생명력을 지니고 있는 것인데, 초고층 아파트의 거주민들에게 창문 난간 부근에 놓인 화분 등의 추락을 조심해달라는 것이다. 아주 작은 물건이라도 고층에서 낙하할 경우 엄청난 파괴력을 지닌다는 설명이 함께 나오는 이 광고는 그 피해자가 쇼핑을 위해 거리를 활보하고 있는 당신이 될 수도 있는 장면을 사실적으로 보여준다.[62] 더불어 건물과 건물 사이의 폭이 고려되지 않고 건설된 상업 빌딩숲이나 거주 빌딩숲으로 인해서 도심과 외곽의 온도편차가 12도에까지 이르고 있는 것[63]으로 나타나고 있다.

첨단 자본주의는 고도의 경쟁 체제이고 그것은 사람들에게 스피드를 강요한다. 모든 사람을 바쁘게 만드는 생활 리듬은 이제 식사를 준비하거나 식당에 갈 시간까지도 빼앗고 있다. 최근 조사[64]한 바에 따르면 홍콩 어린이들의 아침 메뉴는 케이크·계란프라이·에그스크램블·프렌치프라이·즉석라면·소시지 등이다. 3세에서 7세 사이 어린이의 80%는 아침에 전혀 야채를 먹지 않았고 70%가 과일이나 주스도 마시지 않는다고 답했다. 우유 등 유제품을 섭취한다고 대답한 아동은 30%도 되지 않았다.

최근 불거지고 있는 야간 조명 문제를 보면 홍콩 첨단 자본주의의 이면을 엿볼 수 있다. 홍콩에 가는 관광객들이 첫 손으로 꼽는 야경은 홍콩 자본주의의 또 다른 상징이다. 홍콩정부는 사스 사태 때문에 식어버린 관광 분위기를 새롭게 조성하기 위해 매일 밤 8시 빅토리아만을 수놓는 레이저쇼를 새로운 메뉴로 추가했다. 야경을 관광 상품으로 정착시키려는 정부의 노력에 거주민의 피해는 외면되고 있다. 그것에 비례하여 거주민들의 민원65)도 증가하고 있다. 하지만 홍콩정부의 환경조례는 공기나 물 그리고 쓰레기만을 단속할 수 있는 규정이 있을 뿐, 과도한 조명에 대한 단속 규정은 아직 없다.

21세기와 홍콩

　　기회가 된다면 밖으로 나가서 공부하거나 일을 해서 다른 지역의 풍속과 문화를 직접 체험해 보아야 하는 바, 이것이야말로 인생에서 중요한 경험이 된다. 이런 경험은 시야를 확대시켜주고 기질을 변화시켜주어 우리가 진정한 '세계인'으로 거듭나게 해주는 것이다. 따라서 만 리의 길은 떠나지 않으면 안 되는 것이다.

- 홍콩중문대학 총장 류쭌이(劉遵義)

　　홍콩은 역사적으로 이민 지역이다. 빌려 온 공간, 빌려 온 시간이라는 개념은 홍콩의 역사를 개괄하고 있다. 과객이라는 이민 정서와 가치가 큰 비중을 차지하고 있었다. 실제 유동 인구가 매우 많은 곳이다. 그래서 홍콩문화의 최대 특징이자 자랑거리는 문화 교류의 공간이라는 점이다. 오랫동안 동서문화가 충돌하고 소통한 곳이다. 홍콩문화는 정체되어 있거나 고정적이지 않고 변동성이 크다. 부단히 새로운 방향으로 변화를 모색한다. 달리 보면 정치적이거나 경제적인 상황에 직접적으로 영향을 받는다는 말이다.

홍콩의 역사에 있어 가장 큰 분기점이었던 주권 이양 이후, 다소 의기소침한 홍콩인의 정서를 보여주는 현상이 있었다. 한국 드라마 <대장금>에 대한 열광적인 반응이 그것이다. 한국의 텔레비전 드라마 <대장금>이 대륙을 강타했는데, 중국에 텔레비전이 보급된 이래 가장 높은 시청률을 기록했다는 <황제의 딸>을 크게 능가했다고 한다. <대장금>은 홍콩의 밤거리에서 인적이 뜸하게 만들었을 정도였다.

그 당시 중문대학의 우홍이(吳宏一)는 <대장금>이 홍콩에서 이렇게 환영받는 이유는 홍콩인들이 도전정신을 그리워하고 있기 때문이라고 했다. 수많은 시련과 역경을 이겨내는 대장금, 미래에 대한 희망을 한순간도 포기하지 않는 대장금, 매 순간마다 너무도 긍정적인 대장금으로부터 홍콩인들은 불굴의 도전정신을 배웠다는 것이다. 꺼릴 것이 없는 이민자가 이제 정착하여 소극적 정서로 전환되고 있음을 지적하는 말이다.

애국과 민주

중국은 홍콩 주권을 회수한 뒤 정치적으로 여러 가지 안전 장치를 마련해 홍콩의 민주화를 조절하고 있다. 행정장관 간접선거66)는 그 단적인 사례 중 하나이다. 선거인단을 친중파로 채우고, 100명 이상의 추천자를 등록 요건으로 정했다. 이견 분자의 본선 진출을 원천 봉쇄한 것이다. 특구 수장인 행정장관의 선출은 선거인단에 의한 간접선거로 체육관 선거라는 비판을 받고 있다. 따라서 민주파 인사의 선출은 근본적으로 불가능하다.

2007년 12월 중국 공산당 전당대회는 홍콩의 미래에 대한 중대 발표를 했다. 그동안 홍콩인들에게 초미의 관심사로 자리 잡고 있던 행정장관과 입법의원의 직접선거에 대한 구체적인 시간표를 발표한 것이다. 홍콩 행정장관의 보통선거는 2017년에, 입법의원의 보통선거는 2020년에 허용할 수 있다는 내용을 공식으로 발표했다. 홍콩의 민주화 프로그램에 대해 중국정부가 처음으로 그 구체적인 시간을 밝힌 것이었다.

하지만 2008년 1월 홍콩 민주파는 이에 불복하고 2012년에 행정장관과 입법의원 양대 선거를 모두 보통선거로 실시하자는 가두시위를 벌였다. 1월 시위에 2만 명 정도가 참여했다. 민주화 일정에 있어 5년이라는 시간을 두고 홍콩 민주파와 중국정부는 여전히 대립하고 있다. 매년 주권 반환 기념일인 7월 1일이 되면, 중국정부나 홍콩정부 공히 긴장상태에 돌입한다.

2007년 7월 1일 주권 반환 10주년을 맞아 안손 찬 전 총리와 조셉 젠 주교 등을 중심으로 하는 홍콩 민주파는 보통선거의 조기 실시를 요구하는 시위를 벌였다. 이 시위에는 6만여 명이 참여했다.

후진타오(胡錦濤) 국가주석은 2007년 6월 말 주권 반환 10주년을 기념해 3일간 홍콩을 방문해 각종 기념행사에 참가했다. 그의 홍콩 일정은 고도로 연출된 정치 행보였다. 홍콩의 체육인들을 만나 탁구 시합을 하는 장면을 연출하는가 하면, 오랜만에 인민복을 입고 홍콩에 주둔하고 있는 인민해방군을 사열했다. 그는 홍콩의 민주화와 관련하여 홍콩은 지난 10년간 고도의 자치와 자유를 누렸다고 했다. 그리고 1국가 2체제는 서로 분리될 수 없는 것이며, 여기서 1국가라는 것은 절대권력이 중앙정부에 있다는 것을 의미한다고 했다. 홍콩의 정치 발전은 점진적으로 이루어져야 한다고 못 박았다.

이번 방문에서 재미있었던 것은 인민복을 입고 인민해방군을 사열하는 장면이었다. 개혁개방 이후 민간에서 인민복을 입은 사람을 찾기란 매우 어렵다. 하지만 정치 지도자들이 인민복을 입은 모습은 가끔 언론에 보도된다. 덩샤오핑을 비롯해서 장쩌민 등은 무언가 중대 결심을 할 때나 자신의 의지를 과시하고 싶을 때 인민복을 애용했다. 덩샤오핑은 대처와 협상을 할 때나 중국-영국 간 '공동 성명'을 체결할 때도 인민복을 입었었다. 장쩌민은 일본 왕이 주최한 만찬에 인민복을 입고 나타나 일본의 전쟁 책임을 거론하기도 했다. 후진타오 역시 혁명 성지를 방문할 때 인민복을 애용한다.

최근 「이코노미스트」가 발표한 2006년 세계 민주주의 상황 순위에서 홍콩은 전 세계 167개 국가(지역) 중 불완전한 민주주의 수준인 78위를 기록했다. 「이코노미스트」는 각 지역의 민권, 선거의 공평성, 투명성, 정부정책의 민주정도, 정치참여, 정치문화 등 다섯 개 분야를 조사하여 평가하였다. 홍콩이 가장 낮은 점수를 받은 것은 선거분야로 3.5점이었으며 선거만을 볼 때 118위로 제3세계 국가들보다도 낮은 것으로 나타났다.[67]

민주화에 대한 일반 시민들의 관심의 정도가 한결같은 것은 아니다. 그때그때의 이슈에 따라 어느 해는 홍콩 인구의 10분의 1이 참여하는 핵폭탄 급이 되기도 했고, 어느 해는 공룡 전시회에 더욱 많은 인파가 몰려들기도 했다. 2004년부터는 시위와 축제가 병존하고 있다. 50만 명이 넘는 인파가 거리로 쏟아져서 홍콩의 민주화를 요구했던 2003년 7월 1일에 비해 2004년부터는 맞불 작전이 등장하고 있다. 당시 민주파가 홍콩의 민주화를 요구하는 시위를 주도했고, 이에 대한 시민의 관심을 분산시키기 위해 친중국 진영 역시 거리 행사를 기획하기도 했었다. 그 해 7월 1일 민주화 시위에 2만여 명, 친정부 행사에 3만여 명이 참여했다. 하지만 공룡 전시회에는 무려 20만 명이 넘는 인파가 몰렸다. 2006년에도 6만여 명의 인파가 보통선거를 요구하면서 거리를 행진하는가 하면 다른 쪽에서는 5만여 명이 참가한 가운데 홍콩 반환 9주년 기념행사가 성대하게 열렸다.

1980년대부터 지금까지 중국과 홍콩의 지도자에 의한 국민 교육은 지루하게 계속되고 있다. 2005년 행정장관 취임 이후 첫 공식행사에서 행정장관은 홍콩 반환 축하 기념식에서 중국 중앙정부의 홍콩에 대한 지지는 빈말이 아니며 홍콩인의 애국심도 입에 발린 소리가 아니라고 했다. 그를 포함한 정부 인사들은 기회 있을 때마다 화합만이 홍콩의 번영을 약속한다고 강조했다. 이에 대해 「명보明報」를 비롯한 중립계 언론들은 홍콩 '기본법'의 정신을 중국정부가 위반하고 있다고 비판하고 있다.

홍콩은 주권이 반환된 1997년 이후로 역사적으로 큰 변화가 발생하고 있는 것처럼 보인다. 하지만 정치적으로 보면 영국 대신 중국이라는 새로운 강자가 등장했다는 것 외에 뚜렷한 변화는 없는 것 같다. 아니 상황은 영국 식민지 때보다 더욱 복잡해 진 것 같다. 그 당시에는 없던 국민 교육이 진행되고 있기 때문이다.

방송에서는 수시로 중국 국가인 의용군 행진곡이 연주되고, 중국과 홍콩의 지도자들은 입만 열면 조국을 강조하고 있다. 2007년에 행정장관은 민주라는 것이 지나치게 허용될 경우 중국의 문화대혁명과 같은 사태를 초래한다는 취지의 발언을 해 여론의 집중 공격을 받았다. 한때 아테네 올림픽 다이빙 스타인 궈징징(郭晶晶)과 우주인 양리웨이 등의 모습이 보이는 중국의 국가 선전 비디오가 홍콩의 중국어 방송 채널에서 매일 저녁 방송되기도 했다. 홍콩정부 대변인은 국가 정체성을 강화하기 위해 방송이 결정되었다고 밝혔다. 어느 정치 평론가는 이 같은 방송은 선진국에서는 볼 수 없다면서 사람들은 이를 단순한 선전공작으로 받아들일 것(68)이라고 했다.

주권 반환 10년이 넘은 지금까지도 교육 수준이 높을수록 또 수입이 많을수록 그리고 여성일수록 중국인이 아닌 홍콩인으로 자부심을 지닌다는 최근의 조사를 보면 중국의 영향력은 일정 수준을 벗어날 수 없는 것 같다. 하지만 단순하게 되풀이되고 있는 주입식 교육이 의외의 결과로 나타나기도 하는데 성화 봉송 릴레이 당시의 시위 상황이 그것이다. 2008년 중국 올림픽을 앞두고 5월 초 홍콩에서 성화 봉송 릴레이가 개최되던 날, 당초 민주파는 그 길목에서 중국의 인권 상황에 항의하는 시위를 할 예정이었다. 하지만 일반 군중의 야유로 중단할 수밖에 없었고, 결국 경찰의 보호 속에서 시위대는 주룽공원으로 보내졌다. 이른바 애국적인 시민이 훨씬 많아진 것이다.

최근 중국정부는 홍콩인들에게 정치적으로나 문화적으로 중국인다움을 주입하는 데 더욱 박차를 가하고 있다. 이에 대항하여 홍콩인들은 나름대로 자신의 정체성을 유지하기 위한 노력을 경주하고 있다. 주권 반환 이후 중국-홍콩 간 정치적 갈등이 지속되고 있는 것이다. 그 결과 과반수이상의 홍콩인들이 홍콩의 주권 반환 이후 전반적으로 인권상황이 안 좋아졌다고 생각하고 있다. 그리고 홍콩 사람의 70% 이상이 중국 중앙정부를 비판하는 것과 애국심과는 전혀 별개의 것이라는 반응을 보였다. 대부분이 하루 빨리 입법의원 및 행정장관의 보통선거가 이루어져야 한다고 바라고 있다.[69]

결과적으로 안팎의 상황은 홍콩인들에게 우리는 누구인가라는 질문을 하도록 끊임없이 유도하고 있다. 민주가 꾸준히 반복 학습되고 애국은 애국대로 반복 학습되는 상황이다. 이념적으로 강요되거나 유도되지 않는 것이 홍콩문화의 가장 큰 장점이었음에 이제 더 이상 그것을 기대할 수는 없다. 어쩌면 곧 홍콩의 영화관에서 중국 국가인 의용군 행진곡이 먼저 연주되고 관객들은 기립해야 하는 상황이 도래할지도 모른다.

문화대권을 향하여

2003년 '기본법' 제23조 입법 파동에 이어 2004년 4월 중국 전국인민대표대회가 행정장관과 입법의원 직접선거 연기를 위해 '기본법' 관련 규정을 검토하고 있다는 소식이 전해지자 홍콩사회가 다시 긴장 상태에 돌입했다. 홍콩의 대학생과 시민 등 3,000여 명이 촛불시위를 하고 정부청사를 기습 점거하는 등 며칠째 중앙과 홍콩정부에 대한 항의 시위를 벌인데 이어 정치권과 언론·학계도 이를 강력 비난하고 나선 적이 있다.

이런 상황에서 미국은 '기본법' 해석에 대한 우려를 표명하고 그것을 국제문제화하려는 의도를 보였다. 홍콩정부는 이례적으로 이를 내정간섭으로 규정하며 반발했다. 미국 국무부는 중국정부가 홍콩인들과 충분히 상의하지도 않고 홍콩 '기본법'을 해석하기로 결정한 것에 크게 우려한다[70]고 했다.

2007년 10월, 제17차 중국 전당대회에서 후진타오는 홍콩과 마카오에 대한 모든 종류의 외세 개입을 경고하고 나섰다. 그는 홍콩과 마카오의 경제 발전과 복지 향상, 민주화의 발전에 노력을 아끼지 않을 것이라고 약속했다. 그리고 1국가 2체제 원칙은 완벽하게 작동하고 있다고 하면서 중앙정부는 이 원칙을 흔들림 없이 수행해 나갈 것이라고 했다. 나아가서 그는 중국정부는 홍콩과 마카오에 개입하려는 어떤 외부세력에 대해서도 단호하게 반대한다고 말했다.

최근 중국에 성경을 밀반입한 홍콩인이 사형을 면했다. 그는 2002년 5월 푸젠성 일대의 지하 기독교 조직에 성경 33,000여 권을 공급하다 적발됐다. 당초 비슷한 혐의로 구속된 한 피고가 사형 언도를 받아 그에게도 같은 형이 내려질 것으로 예상되었었다. 하지만 법원은 그에게 최고 징역 5년형에 해당하는 밀수 혐의만을 적용한 것이다. 또 지방 고등법원은 지하교회를 설립한 홍콩인 5명에게 내려진 하급심의 사형선고를 증거 불충분을 이유로 파기하고 재심을 지시하기도 했다. 이 같은 결과는 홍콩특별행정부의 구제노력과 미국 부시 대통령의 특별한 관심 그리고 세계 인권단체의 호소에 따른 것으로 풀이된다.

중국은 이제 초강대국이다. 소련과 동구의 와해 이후 미국이 독주하고 있는 세계 질서 재편에 나름대로 입김을 발휘할

수 있을 만큼 성장했다. 중국이 경제적으로나 국가 위상으로
나 비약적인 성장을 거듭하자 중국에 대한 미국의 견제는 나
날이 정도를 더해 가고 있는 실정이다. 미국이 중국을 견제하
는 방법에 여러 가지가 있지만, 크게 인권·타이완·소수민족·
종교 문제 등이다. 이제 홍콩 문제도 중국정부를 다루기 위한
미국 정부의 또 다른 카드가 된 것 같다. 따라서 홍콩은 더 이
상 중국에 의해서 좌우되는 작은 공간이 아니라는 논리가 힘
을 얻기도 한다. 서구에 의해서 홍콩이 이렇게 저렇게 이용되
고 활용되고 있다는 것이다. 홍콩을 중개지로 하는 각종 서구
적 가치와 논리가 중국에 강요되고 있다는 말이다.

　뿐만 아니라 홍콩 자체의 문화가 중국에 미치는 영향 즉,
그것이 민주든 홍콩식 경영 방식이든 대륙을 학습시키기도 한
다. 개혁개방 이후 전국의 경제 관련 공무원들은 홍콩의 무역
과 금융 시스템을 학습하고 견학하는 교육 프로그램에 참가했
었다. 그래서 홍콩의 시장경제적 가치가 대륙을 공습하고 있
다는 평가도 나오고 있다. 홍콩의 영화와 가요 등 대중문화 아
이콘들의 영향력도 과소평가될 수 없다. 그래서 북경을 중심
으로 하는 중원문화와 홍콩을 중심으로 하는 소비문화가 격전
을 치르고 있다는 시각도 타당하다. 홍콩에 대한 중국의 일방
적인 식민이 진행되는 것이 아니라 상호 식민하고 있다는 말
이다.

　홍콩에 문화가 있다 혹은 없다고 하는 논쟁의 배후에는 우
선 홍콩의 경제적 성공을 시기하는 마음이 깔려 있다. 그래서

그 경제적 역량에도 불구하고 왕왕 세계 일류도시 즉, 런던이나 뉴욕에 비길 수 없다는 비판이 제기되기도 한다. 사실 문화가 있고 없다거나 그것의 수준이 높고 낮다는 단정적 비교는 매우 위험한 발상이다. 문화의 특징을 무시한 채 중국인들이 우리 한국인들에게 항시 내보이는 우월감처럼 말이다.

다원성과 포용성으로 대표되는 홍콩의 가치는 홍콩만의 기회로 끝나는 것이 아니라 그것을 지켜보는 세계인들의 것이다. 홍콩의 자랑인 아시아의 월드시티는 홍콩만의 지향이 아니라 아시아 모든 도시의 목표일 것이다.

홍콩이 그 논쟁의 근본적인 차단을 위해 중차대한 계획을 진행하고 있다. 팔달통 카드를 만들어 내는 공간이 문화 대권을 향한 발걸음을 내딛고 있다. 주룽반도 서부지역 문화 프로젝트가 그것인데, 이미 바다의 매립과 기본 건설 공정이 끝났으며, 2015년까지 뮤직홀 등 15개의 문화 시설을 건설하는 것을 제1차 목표로 하고 있다. 이어 2031년까지는 시민들의 용이한 접근성을 고려한 크고 작은 문화 공간을 건설하는 것이 제2차 목표이다. 그래서 지금 홍콩은 문화가 국제경쟁력이라는 인식하에 창조와 혁신은 문화에서 나온다[71]는 새로운 자신감에 차있다.

주

1) 1939년부터 1942년까지 홍콩에서 거주했던 저명 작가 장아이링(張愛玲)(王宏志·李小良·陳淸僑,『否想香港』, 麥田出版, 1998, p.11에서 재인용.)

2) 홍성욱,『하이브리드 세상읽기』, 안그라픽스, 2003년, 23쪽.

3) 1852년 3만 명의 쿨리(苦力)가 캘리포니아 금광개발과 미국 철도 건설을 위해 홍콩을 통해 나갔다. 1860년에 캘리포니아의 중국인 노동자는 15만 명에 달했는데, 대부분이 홍콩에서 출발했다.(何耀生, 『集體回憶之維多利亞港』, 明報出版社, 2005, p.129.)

4) Gary Mcdonogh and Cindy Wong, Global Hong kong, Routledge, 2005, p.1.

5) 스위스 국제경영개발연구원(IMD)의 평가에 의하면 우리나라는 31위를, 타이완은 13위를 기록했다. 스위스, 룩셈부르크, 덴마크, 호주, 캐나다, 스웨덴, 네덜란드가 4~10위를 했다. (「연합뉴스」, 2008.5.15. 참조.)

6) 王維旗,『體驗香港』, 中國文聯出版公司, 1997, p.234.

7) 유영하,『홍콩이라는 문화 공간』, 아름나무, 2008, 196~197쪽 참조.

8) 「수요저널」, 2003.8.13. 참조.

9) 학자에 따라 아홉 개 또는 일곱 개로 본다.

10) 「수요저널」, 2005.1.5. 참조.

11) 「수요저널」, 2008.1.30. 참조.

12) 「수요저널」, 2002.10.23. 참조.

13) 「수요저널」, 2006.5.31. 참조.

14) 「수요저널」, 2007.11.7. 참조.

15) 중앙일보의 최형규 홍콩 특파원은 홍콩에는 중국의 미래가 있으며, 영어가 가능한 16만 공무원, 국제적 경쟁력을 갖춘 금융 산업, 70여 개국 출신의 외국인이 살고 있는 홍콩의 역량을 들어 대통령이 홍콩을 보아야 한다고 했다.(「중앙일보」(미주판), 2008.4.30. 참조.)

16) 「수요저널」, 2003.1.29. 참조.

17) 何耀生, 『集體回憶之維多利亞港』, 明報出版社, 2005, p.27.

18) 何耀生, 『集體回憶之維多利亞港』, 明報出版社, 2005, p.28.

19) 李燕, 『港澳與珠三角文化透析』, 中央編譯出版社, 2003, p.25에서 재인용.

20) 甘長求, 『香港經濟敎程』, 中山大學出版社, 1989, pp.452~453 ; 鄭德良, 『香港奇蹟－經濟成就的文化動力』, 臺灣商務印書館, 民82年, pp.32~33에서 재인용.

21) 馬家輝, 「與蘇守忠的一段短談」, 『明報』, 1997.4.6. ; 呂大樂, 「香港故事－'香港意識'的歷史發展」; 東海大學東亞社會經濟研究中心 高承恕·陳介玄 主編, 『香港 : 文明的延續與斷裂?』, 聯經, 1997, p.8에서 재인용.

22) 李揚·胡偉平 主編, 『話說香港』, 長春出版社·五洲傳播出版社, 1997.1., p.42.

23) 呂大樂, 「香港故事－'香港意識'的歷史發展」; 東海大學東亞社會經濟研究中心 高承恕·陳介玄 主編, 『香港 : 文明的延續與斷裂?』, 聯經, 1997, p.10.

24) 주홍콩총영사관·한국무역협회 홍콩지부, 「1997년 중국반환에 따른 홍콩 장래문제의 현황과 전망－97협의회 회의 결과」, 1993.4. 참조.

25) 王宏志·李小良·陳淸僑, 『否想香港』, 麥田出版, 1998, pp.241~242.

26) 홍콩특별행정구는 법으로써 국가 배반·국가 분열·반란 선동·중앙 인민 정부 전복 및 국가 기밀 절취 행위를 금지하며, 또 외국의 정치 조직이나 단체가 홍콩에서 정치 활동을 하는 것을 금지하고, 홍콩특별행정구의 정치 조직이나 단체와 외국의 정치 조직이나 단체의 연계를 금지한다는 내용이다.

27) 「수요저널」, 2003.11.19. 참조.

28) 정부수반인 행정장관은 선거인단을 통한 간접선거로 선출되는데, 총 60석인 입법의원 중 직선은 30명이고 나머지는 직

능별 간접선거로 구성한다. 이에 직접선거에 대한 구체적인 시간표를 요구한 것이다.

29) 徐日彪,「中英關於香港問題的會談和聯合聲明的簽署」,『二十世紀的香港』, 麒麟書業, 1995, pp.214~280 ; 王明輝,「不安的回歸 - 從一國兩制看香港的前途」; 東海大學東亞社會經濟研究中心 高承恕·陳介玄 主編,『香港 : 文明的延續與斷裂?』, 聯經, 1997, p.21에서 재인용.

30) 周佩霞·馬傑偉,『愛國 政治審查』, 次文化堂, 2005, p.21.

31) 패튼 총독의 민주화 방안 요지 - 선거권자 연령인하(21세→18세), 직접선거구제 변경(2석 2표제→1석 1표제), 직능 단체 선거방법 변경(현행 21개 이외에 9개 직능대표 선거구를 신설, 직능단체 재직 전종업원 270만 명에게 선거권 부여), 선거위원회 선거방법 변경(선거위원회 구성원 전원을 주민직접선거로 선출되는 구의회 의원으로 구성), 독립적인 선거구 분할·선거위원회 설치 등.

32) 연령(30~40세), 경력(15년).

33) 鄭宇碩 編,『過渡期的香港』, 三聯書店有限公司, 1989, p.4.

34) 1974~1977년에 경찰 260명을 체포했다.

35) 呂大樂,「香港故事 - ‘香港意識’的歷史發展」; 東海大學東亞社會經濟研究中心 高承恕·陳介玄 主編,『香港 : 文明的延續與斷裂?』, 聯經, 1997, p.9.

36) 『鄧小平文選』(第3卷), 人民出版社, 1993, p.61.

37) 「明報月刊」, 2007.8., p.44 참조.

38) 明報編輯部,「中央 : 港人治港以愛國者爲主體」,『愛國論爭』, 明報出版社, 2004, p.64.

39) 劉曉波,『單刃毒劍 - 中國民族主義批判』, 博大出版社, 2006, pp.281~282.

40) 張定準·塗春光,「基本法第23條立法觀察」; 張定準 主編,『1997~2005 : 香港管治問題研究』, 香港大公報出版有限公司, 2005, p.59.

41) 塗春光,「香港敎育政策探微」; 張定準 主編,『1997~ 2005 : 香港管治問題研究』, 香港大公報出版有限公司, 2005, p.194.

42) 「수요저널」, 2003.11.5. 참조.

43) 이 순위에서는 핀란드, 아이슬란드의 언론자유도가 가장 높았으며 북한과 미얀마의 언론자유도가 가장 낮은 것으로 집계되었다. 전체 순위에서 중국은 181위로 가장 언론의 자유가 없는 나라중의 하나로 평가되었으며 특히 조사에서는 베이징 정부가 지난해부터 계속 언론을 통제하고 있으며 인터넷 언론조차도 통제하고 있다고 비난했다. 한국은 홍콩과 동등한 순위인 67위에 선정되었으며 미국은 21위, 일본은 35위에 선정되었다.(「수요저널」, 2008.4.30. 참조.)

44) 趙善琪, 『香港槪覽』, 上海人民出版社, 1988, p.155.

45) 龍應台, 「明報月刊」, 2006.4., p.41.

46) 천광싱, 『제국의 눈』, 창작과비평사, 2003, 178쪽.

47) 何耀生, 『集體回憶之維多利亞港』, 明報出版社, 2005, pp.18~19.

48) 趙善琪, 『香港槪覽』, 上海人民出版社, 1988, p.5.

49) 楊奇 主編, 『香港槪論』, 三聯書店香港有限公司, 1990. 10., pp.28~29.

50) 楊奇 主編, 『香港槪論』, 三聯書店香港有限公司, 1990. 10., p.5.

51) 楊奇 主編, 『香港槪論』, 三聯書店香港有限公司, 1990. 10., p.10.

52) 유영하, 『홍콩이라는 문화 공간』, 아름나무, 2008, 30~33쪽 참조.

53) 楊奇 主編, 『香港槪論』, 三聯書店香港有限公司, 1990. 10., pp.12~13.

54) 鄭德良, 『香港奇蹟 - 經濟成就的文化動力』, 臺灣商務印書館, 民82年, p.64.

55) 鄭德良, 『香港奇蹟 - 經濟成就的文化動力』, 臺灣商務印書館, 民82年, p.66.

56) 陳舜臣, 『香港』, 文藝春秋, 1997, pp.176~177.

57) 鄭德良, 『香港奇蹟 - 經濟成就的文化動力』, 臺灣商務印書館, 民82年, p.65.

58) 李燕, 『港澳與珠三角文化透析』, 中央編譯出版社, 2003,

p.22에서 재인용.

59) 古蒼梧·譚國根, 『主體建構政治與現代中國文學』, Oxford University Press, 2000, p.212에서 재인용.

60) 陳算(可熄), 『港澳經濟』, 1982(第3期), p.49 ; 鄭德良, 『香港奇蹟 - 經濟成就的文化動力』, 臺灣商務印書館, 民82年), p.39에서 재인용.

61) 胡恩威 主編, 『香港風格 2 - 消滅香港』, 進念二十面體, 2006.8., p.55.

62) 유영하, 『홍콩이라는 문화 공간』, 아름나무, 2008, 35쪽 참조.

63) 「수요저널」, 2008.5.21. 참조.

64) 「수요저널」, 2005.9.7. 참조.

65) 홍콩의 환경부에 따르면 최근 3년간(2004년 13건, 2005년 33건, 2006년 35건) 관련 민원이 부단히 증가하고 있다.(「明報」, 2007.1.22. 1면.) 2007년에는 40건이 신고되었다.(「수요저널」, 2008.5.14.)

66) 홍콩의 최고 지도자인 행정장관은 주로 친중국파로 구성된 선거인단 600명의 투표에 의해 선출되며, 입법국 의원 60명 중 30명만이 홍콩시민의 직접선거로 선출된다. '기본법'에서는 시기가 되면 홍콩에 완전한 민주주의를 실행할 수 있다고 했지만 구체적인 시한은 적시하지 않았다.

67) 홍콩정부정책의 민주정도는 5.71점으로 중간 정도인 것으로 나타났으나, 민권 분야는 9.71점으로 높게 나왔다. 중국은 선거의 공평성과 투명성이 0점으로 0.83점인 북한보다 낮았다. (「수요 저널」, 2006.11.29. 참조.)

68) 「수요저널」, 2004.10.6. 참조.

69) 「수요저널」, 2005.6.8. 참조.

70) 「수요저널」, 2004.4.7. 참조.

71) 홍콩 서주룽 문화단지 조성을 총지휘하고 있는 홍콩정부 민정사무국(民政事務局) 량웨셴(梁悅賢) 차관은 최형규 특파원과의 인터뷰에서 또 "선진 문화산업 없이 홍콩이 꿈꾸는 세계 초일류 금융허브는 어렵다."고 말했다.(「중앙일보」, 2008.3.15. 참조.)

참고문헌

유영하, 『홍콩이라는 문화 공간』, 아름나무, 2008.

東海大學東亞社會經濟研究中心 高承恕·陳介玄 主編, 『香港
: 文明的延續與斷裂?』, 聯經, 1997.

楊奇 主編, 『香港槪論』, 三聯書店香港有限公司, 1990.10.

李揚·胡偉平 主編, 『話說香港』, 長春出版社·五洲傳播出版
社, 1997.1.

何耀生, 『集體回憶之維多利亞港』, 明報出版社, 2005.

趙善琪, 『香港槪覽』, 上海人民出版社, 1988.

李燕, 『港澳與珠三角文化透析』, 中央編譯出版社, 2003.

鄭德良, 『香港奇蹟 - 經濟成就的文化動力』, 臺灣商務印書館,
民82年.

張定準 主編, 『1997~2005 : 香港管治問題研究』, 香港大公報
出版有限公司, 2005.

劉靑峰·關小春, 『轉化中的香港 : 身分與秩序的再尋求』, 中
文大學出版社, 1998.

杜葉錫恩(Elsie Tu), 隋麗君 譯, 『我眼中的殖民時代香港』, 人
間出版社, 2005.

陳舜臣, 『香港』, 文藝春秋, 1997.

Lee Pui-Tak, *Hong Kong Reintegrating With China*, Hong Kong
University Press, 2001.

Gary Mcdonogh and Cindy Wong, *Global Hong kong*, Routledge, 2005.

John M. Carroll, *Edge of Empires - Chinese Elites and British Colonials
in Hong Kong*, Hong Kong University Press, 2007.

「수요저널」
「위클리홍콩」

홍콩 천 가지 표정의 도시

| 펴낸날 | 초판 1쇄 2008년 7월 20일 |
| | 초판 5쇄 2018년 8월 21일 |

지은이	유영하
펴낸이	심만수
펴낸곳	(주)살림출판사
출판등록	1989년 11월 1일 제9-210호

주소	경기도 파주시 광인사길 30
전화	031-955-1350 팩스 031-624-1356
홈페이지	http://www.sallimbooks.com
이메일	book@sallimbooks.com

| ISBN | 978-89-522-0952-8 04080 |
| | 978-89-522-0096-9 04080(세트) |

089 커피 이야기   eBook

김성윤(조선일보 기자)

커피는 일상을 영위하는 데 꼭 필요한 현대인의 생필품이 되어 버렸다. 중독성 있는 향, 마실수록 감미로운 쓴맛, 각성효과, 마음의 평화까지 제공하는 커피. 이 책에서 저자는 커피의 발견에 얽힌 이야기를 통해 그 기원을 설명한다. 커피의 문화사뿐만 아니라 커피에 대한 일반적인 정보 및 오해에 대해서도 쉽고 재미있게 소개한다.

021 색채의 상징, 색채의 심리

박영수(테마역사문화연구원 원장)

색채의 상징을 과학적으로 설명한 책. 색채의 이면에 숨어 있는 과학적 원리를 깨우쳐 주고 색채가 인간의 심리에 어떤 작용을 하는지를 여러 가지 분야의 사례를 통해 설명한다. 저자는 색에는 나름대로의 독특한 상징이 숨어 있으며, 성격에 따라 선호하는 색채도 다르다고 말한다.

001 미국의 좌파와 우파   eBook

이주영(건국대 사학과 명예교수)

진보와 보수 세력의 변천사를 통해 미국의 정치와 사회 그리고 문화가 어떻게 형성되고 변해왔는지를 추적한 책. 건국 초기의 자유방임주의가 경제위기의 상황에서 진보-좌파 세력의 득세로 이어진 과정, 민주당과 공화당의 대립과 갈등, '제2의 미국혁명'으로 일컬어지는 극우파의 성장 배경 등이 자연스럽게 서술된다.

002 미국의 정체성 10가지 코드로 미국을 말하다   eBook

김형인(한국외대 연구교수)

개인주의, 자유의 예찬, 평등주의, 법치주의, 다문화주의, 청교도정신, 개척 정신, 실용주의, 과학 · 기술에 대한 신뢰, 미래지향성과 직설적 표현 등 10가지 코드를 통해 미국인의 정체성과 신념을 추적한 책. 미국인의 가치관과 정신이 어떠한 과정을 통해서 형성되고 변천되어 왔는지를 보여 준다.

058 중국의 문화코드

강진석(한국외대 연구교수)

중국의 핵심적인 문화코드를 통해 중국인의 과거와 현재, 문명의 형성 배경과 다양한 문화 양상을 조명한 책. 이 책은 중국인의 대표적인 기질이 어떠한 역사적 맥락에서 형성되었는지 주목한다. 또한, 구체적이고 실제적인 여러 사물과 사례를 중심으로 중국인의 사유방식에 대해 설명해 주고 있다.

057 중국의 정체성 eBook

강준영(한국외대 중국어과 교수)

중국, 중국인을 우리는 과연 어떻게 이해해야 하나? 우리 겨레의 역사와 직·간접적으로 끊임없이 영향을 주고받은 중국, 그러면서도 아직까지 그들의 속내를 자신 있게 말할 수 없는, 한편으로는 신비스럽고, 한편으로는 종잡을 수 없는 중국인에 대한 정체성을 명쾌하게 정리한 책.

015 오리엔탈리즘의 역사 eBook

정진농(부산대 영문과 교수)

동양인에 대한 서양인의 오만한 사고와 의식에 준엄한 항의를 했던 에드워드 사이드의 오리엔탈리즘. 이 책은 에드워드 사이드의 이론 해설에 머무르지 않고 진정한 오리엔탈리즘의 출발점과 그 과정, 그리고 현재와 미래의 조망까지 아우른다. 또한 오리엔탈리즘이 사이드가 발굴해 낸 새로운 개념이 결코 아님을 역설한다.

186 일본의 정체성 eBook

김필동(세명대 일어일문학과 교수)

일본인의 의식세계와 오늘의 일본을 만든 정신과 문화 등을 소개한 책. 일본인을 지배하는 이데올로기는 무엇이고 어떤 특징을 가지는지, 일본을 주목해야 하는 이유는 무엇인지 등이 서술된다. 일본인 행동양식의 특징과 토착적인 사상, 일본사회의 문화적 전통의 실체에 대한 분석을 통해 일본의 정체성을 체계적으로 살펴보고 있다.

261 노블레스 오블리주 세상을 비추는 기부의 역사

예종석(한양대 경영학과 교수)

프랑스어로 '높은 사회적 신분에 상응하는 도덕적 의무'를 뜻하는 노블레스 오블리주. 고대 그리스부터 현대까지 이어지고 있는 노블레스 오블리주의 역사 및 미국과 우리나라의 기부 문화를 살펴보고, 새로운 시대정신으로 노블레스 오블리주를 부활시킬 수 있는 가능성을 모색해 본다.

396 치명적인 금융위기, 왜 유독 대한민국인가 eBook

오형규(한국경제신문 논설위원)

이 책은 전 세계적인 금융 리스크의 증가 현상을 살펴보는 동시에 유달리 위기에 취약한 대한민국 경제의 문제를 진단한다. 금융안정망 구축 방안과 같은 실용적인 경제정책에서부터 개개인이 기억해야 할 대비법까지 제시해 주는 이 책을 통해 현대사회의 뉴노멀이 되어 버린 금융위기에서 살아남는 방법을 확인해 보자.

400 불안사회 대한민국, 복지가 해답인가 eBook

신광영(중앙대 사회학과 교수)

대한민국 사회의 미래를 위해서 복지는 선택이 아니라 필수라고 말하는 책. 이를 위해 경제 위기, 사회해체, 저출산 고령화, 공동체 붕괴 등 불안사회 대한민국이 안고 있는 수많은 리스크를 진단한다. 저자는 사회적 위험에 대응하기 위한 복지 제도야말로 국민 모두의 삶의 질을 높일 수 있는 길이라는 것을 역설한다.

380 기후변화 이야기 eBook

이유진(녹색연합 기후에너지 정책위원)

이 책은 기후변화라는 위기의 시대를 살면서 우리가 알아야 할 기본지식을 소개한다. 저자는 기후변화와 관련된 핵심 쟁점들을 모두 정리하는 동시에 우리가 행동해야 할 실천적인 대안을 제시한다. 이를 통해 독자들은 기후변화 시대를 사는 우리가 무엇을 해야 할 것인지에 대하여 생각해 볼 수 있을 것이다.

eBook 표시가 되어있는 도서는 전자책으로 구매가 가능합니다.

(주)살림출판사
www.sallimbooks.com
주소 경기도 파주시 문발동 522-1 | 전화 031-955-1350 | 팩스 031-955-1355